Kochen nach den Sternen

Marion Zerbst

Kochen nach den Sternen

Von Widder bis Fische

Bassermann

Der Text dieses Buches entspricht den Regeln der neuen deutschen Rechtschreibung.

ISBN 3 8094 1149 3

Rezepte: The Food Professionals Köhnen GmbH, Sprockhövel:
S. 26, 32, 34, 38, 46, 50, 57, 58, 63, 70, 75, 83, 86: Maggi Kochstudio, Frankfurt/Main
S. 27, 29, 35, 44, 47, 52, 56, 59, 62, 64, 68, 69, 76, 80, 87, 92: Mitteldeutsche Gasversorgung GmbH, Gröbers
S. 28, 74, 93: Galbani Deutschland GmbH, München
S. 33, 94: Kikkoman Trading Europe GmbH, Düsseldorf
S. 39: Brandt Zwieback-Schokoladen GmbH + Co. KG, Hagen
S. 40, 71: CMA, Centrale Marketing-Gesellschaft der deutschen Agrarwirtschaft mbH, Bonn
S. 41, 53, 65, 95: Ferrero OHG, Frankfurt/M.
S. 45, 77, 81, 88, 89: Union Deutsche Lebensmittelwerke GmbH, Hamburg
S. 82: Meica,Ammerländische Fleischwarenfabrik, Fritz Meinen GmbH & Co., Edewecht

Fotos: Adobe Images Library (S. 41, 50, 93); Anschlag & Goldmann (S. 87); D. Begovic (S. 70); W. Cimbal (S. 83); Digital Vision (S. 29, 39, 40, 44, 67, 77, 89); FALKEN Verlag (S. 51, 81); W. Feiler (S. 27, 63, 74); The Food Professionals (S. 56, 57, 59, 62, 64, 65, 69, 71, 74, 76, 82); Photo Alto (S. 28, 34, 35, 38, 45, 46, 52, 59, 86, 95); A. Schliack (S: 32, 88, 94); R. Schmitz (S. 58); TLC (S. 26, 33, 68, 92); B. Wegner (S. 80)
Zeichnungen: Rincon² Design & Produktion GmbH, Köln
Layout und Redaktion: Dr. Magda Antonic, MediText, Stuttgart
Satz: MediText, Stuttgart
Koordination Redaktion: Silke Kirsch
Koordination Herstellung: Eva Kumar

Druck: Neografia, Martin

Printed in Slovakia

817 2635 4453 6271

Inhalt

Die Sternzeichen

Vorwort

Unser Sternzeichen beeinflusst nicht nur Charakter und Aussehen, sondern auch unsere Gesundheit, unsere physische Konstitution und damit auch unsere Essgewohnheiten – bis hin zu bestimmten Nahrungsmitteln und Getränken, die wir bevorzugen oder die besonders gut für uns sind. Schon der Astrologe und Naturheilkundige Nicholas Culpeper ordnete im 17. Jahrhundert alle Kräuter, Obst- und Gemüsearten, die er kannte, den damals bekannten sieben Planeten zu. Und da jedes Sternzeichen von einem bis zwei verschiedenen Planeten beherrscht wird, sind die Nahrungsmittel dieses Planeten meist auch besonders beliebt bei diesem Sternzeichen bzw. besonders gut für seine Gesundheit. So hat beispielsweise der Widder, der vom Planeten Mars regiert wird, meist eine Vorliebe für feurige Gewürze wie Chili, die dem Mars zugeordnet sind – sie passen zu seinem Temperament. Der vom Mond beeinflusste Krebs dagegen sollte sich an feuchte, kühle „Mond-Nahrungsmittel" wie Kürbis und Zucchini halten.

Daneben hat jedes Sternzeichen noch besondere Essgewohnheiten, die oft eng mit seinem Charakter und seiner Lebensweise zusammenhängen. So ist der Zwilling fast ständig unterwegs und zu hektisch, um sich viel Zeit fürs Kochen und Essen zu nehmen; und die genussfreudige Waage, die Süßigkeiten liebt, hat oft gegen überzählige Pfunde zu kämpfen. Nicht immer sind diese typischen Ernährungsgewohnheiten gesund für uns; aber da sie so tief in unserem Wesen verwurzelt sind, ist es auch schwer, sie uns abzugewöhnen. Die beste Lösung besteht wohl darin, die eigenen Schwächen zu erkennen und das Beste daraus zu machen: So kann der Zwilling sich an Snacks und Zwischenmahlzeiten halten, die schnell zuzubereiten, aber trotzdem gesund und vitaminreich sind; und für die Waage gibt es köstliche Desserts und Süßspeisen, die nicht zu viele Kalorien haben.

Welche Ernährungsweise und welche Lebensmittel für Ihr Sternzeichen ideal sind, erfahren Sie in diesem Buch – und viele köstliche Rezepte erleichtern Ihnen den Sprung von der Theorie in die Praxis. Außerdem verraten wir Ihnen auch noch vieles andere Interessante über die zwölf Sternzeichen: ihre Stärken und Schwächen, ihre besonderen Begabungen und ihr Verhalten in Liebe und Partnerschaft. Denn natürlich ist es nicht nur wichtig, das eigene Sternzeichen zu kennen; sondern Sie sollten auch wissen, wie Sie mit den Sternzeichen in Ihrem näheren Umfeld – dem Partner, den Angehörigen, dem Chef – richtig umgehen und sie mit den passenden kulinarischen Genüssen verwöhnen können.

Die Sternzeichen werden in vier Elemente eingeteilt: Wasserzeichen (Krebs, Skorpion, Fische) sind eher gefühlsbetont, Luftzeichen (Zwillinge, Waage, Wassermann) mehr intellektuell, Erdzeichen (Stier, Jungfrau, Steinbock) erdverbunden, nüchtern und realistisch, Feuerzeichen (Widder, Löwe, Schütze) impulsiv, willensstark und temperamentvoll.

Kochen und essen mit den Sternen

Der Widder

Das erste Zeichen im Tierkreis symbolisiert Geburt und Neuanfang. Dementsprechend temperamentvoll und impulsiv ist der Widder – ein wahres Energiebündel. Wenn es darum geht, etwas Neues anzufangen, ein Projekt in Gang zu bringen und seine Mitmenschen mit seinem Enthusiasmus zu motivieren, ist er in seinem Element. Er liebt Herausforderungen und ist es gewohnt, direkt auf sein Ziel zuzustürmen und Widerstände einfach beiseite zu fegen. Bedächtigkeit und taktisches Vorgehen sind nicht seine Stärke. Geduld übrigens auch nicht – die Ungeduld wurde von Widdern und Schützen erfunden. Deshalb sollte man einen Widder nicht zu lange warten lassen, wenn einem sein Leben lieb ist.

Kräuter, Tees und Gewürze für den Widder: Schnittlauch, Basilikum, Brennnessel, Rosmarin, Chili, Cayennepfeffer, Paprikapulver, Senf, Meerrettich, Weißdorn, Mariendistel

Er hat das Bedürfnis, die Führung zu übernehmen, und kann heftige Wutausbrüche bekommen, wenn etwas nicht nach seinen Vorstellungen geht; schließlich ist sein Planet der kämpferische Mars. Andere, zurückhaltendere Sternzeichen empfinden ihn vielleicht manchmal als etwas zu dominant und ichbezogen – doch das macht er durch seine Offenheit und Ehrlichkeit wieder wett, sodass man ihm nicht lange böse sein kann.

Die größte Gefahr für den Widder ist, dass er ein zu hektisches Leben führt, sich von einer Aktivität in die nächste stürzt und überhaupt nicht mehr zur Ruhe kommt. Dieser Lebensstil wirkt sich natürlich auch nachteilig auf seine Gesundheit aus: Zu wenig Schlaf, zu viel Stress und dann auch noch dieser Hang zu Übertreibungen – das kann auf die Dauer nicht gut gehen. Daher muss der Widder ganz besonders auf eine gesunde, ausgewogene Ernährung achten und übermäßigen Alkoholkonsum meiden. Da er fast immer in Eile ist, nimmt das Essen in seinem Leben keinen großen Stellenwert ein: Er bevorzugt Fast Food oder schlingt, wenn er Hunger bekommt, einfach irgendetwas hinunter – nicht gerade die gesündeste Ernährungsweise. Da solche Snacks meist ziemlich fett und kalorienreich sind, kann es sein, dass der Widder zunimmt, obwohl er ständig in Bewegung ist. Daher sollte er Nahrungsmittel und Speisen bevorzugen, die zwar schnell zuzubereiten und zu essen, aber trotzdem

Wichtiges über Widder: Kein Widder wird geduldig ein aufwendiges Drei-Gänge-Menü zubereiten und servieren. Die typische Widder-Art, Gäste zu bewirten, ist ein Büffet (denn da kann man ruhig auch einmal ein bisschen improvisieren) oder ein Grillfest. Wie alle Feuerzeichen liebt der Widder gegrillte oder scharf angebratene Speisen. Wichtig: Nicht zu hastig essen – erst kauen, dann verdauen!

gesund und nicht allzu kalorienreich sind: Pasta mit einer fettarmen Sauce und frischen Kräutern, Sandwiches mit reichlich Rohkost und Salat – und für den kleinen Hunger zwischendurch vielleicht ein Joghurt, angereichert mit frischen Beeren und Nüssen, oder ein Stück Obst. So bekommt er die Energie, die er für sein anstrengendes Leben braucht.

Da der Hopfen vom Planeten Mars (dem Regenten des Zeichens Widder) beherrscht wird, schätzen die meisten dieser gehörnten Chaoten ein kühles Bier – es hilft ihnen, nach einem Tag voller Aufregungen abends zur Ruhe zu kommen.

Seinem Temperament entsprechend liebt er scharfe Gewürze wie Chili, Cayennepfeffer und Meerrettich sowie pikant schmeckende Salat- und Gemüsearten wie Paprika, Lauch, Radieschen und Brunnenkresse, die das Blut noch feuriger durch seine Adern kreisen lassen. Weitere geeignete Nahrungsmittel sind Lamm- und Hammelfleisch, Mohrrüben, Rhabarber, Grapefruit und Wassermelonen.

Der Stier

Den Stier bringt nur selten etwas aus der Ruhe. Er ist ein echter Gemütsmensch: gelassen, bedächtig, unerschütterlich, geduldig – aber auch manchmal etwas schwerfällig und ziemlich stur, sobald er einmal eine Meinung oder einen Plan gefasst hat. Er mag es, wenn alles seinen gewohnten Gang geht, und wägt erst einmal in aller Ruhe ab, ehe er eine Entscheidung trifft – nicht nur in der Liebe, sondern auch im Berufsleben. Und man kann sich getrost auf sein solides Urteilsvermögen verlassen; denn der Stier ist sehr praktisch veranlagt, hat einen guten Geschäftssinn und versteht sein Geld zusammenzuhalten und zu vermehren. In der Spielhölle wird man ihn nicht finden; sehr wohl aber kann es sein, dass er an der Börse sein Glück macht oder mit Immobilien handelt. Denn Besitz – vor allem Grundbesitz – gehört zu diesem Sternzeichen. Die meisten Stiere träumen vom eigenen Haus – am liebsten auf dem Land – und besitzen es irgendwann auch.

Kräuter, Tees und Gewürze für den Stier: Thymian, Salbei, Liebstöckel, Schafgarbe, Pfefferminze, Beifuß, Wegerich, Waldmeister, Klette

Und wenn er sein trautes Heim erst einmal hat, ist er so leicht nicht mehr von dort wegzubekommen: Er sitzt gern gemütlich am Kamin, arbeitet im Garten oder bastelt oder repariert in aller Ruhe irgendetwas am Haus. Der Stier ist stolz auf das, was er besitzt. Deshalb isst er im Gegensatz zum ruhelosen Schützen, Widder oder Zwilling auch am liebsten zu Hause oder bewirtet seine Gäste dort, statt in ein Restaurant zu gehen.

Und wie sonst im Leben bevorzugt er auch beim Essen das Grundsolide, Altbewährte, Traditionelle. Mit Nouvelle Cuisine oder exotischen Gerichten hat er nichts im Sinn, und auch nicht mit diesen lächerlich kleinen Portionen, wie sie in manchen Restaurants serviert werden und die für ihn nur Dekoration sind – denn er hat einen gesegneten Appetit. Er mag es lieber, wenn etwas Solides, Handfestes auf den Tisch kommt: ein Braten mit viel Sauce zum Beispiel oder der gute alte Obstkuchen mit dicker Schlagsahnehaube, wie ihn schon seine Mutter gebacken hat.

Bei dieser Vorliebe für gehaltvolles, reichliches Essen – gepaart mit der typischen Gemächlichkeit des Stiers – ist es kein Wunder, dass dieses Sternzeichen zu Fettleibigkeit und den damit verbundenen gesundheitlichen Problemen neigt. Der Stier hat zwar eine kräftige, zähe Konstitution und wird nicht so leicht krank; aber er darf mit den leiblichen Genüssen nicht übertreiben. Seinen großen Appetit stillt er am besten mit ballaststoffreicher Kost: Sie sättigt und gibt ihm das für ihn so wichtige Gefühl, etwas Solides im Magen zu haben, ohne dick zu machen. Ideal sind reichlich Salat und Gemüse (gedämpft oder gedünstet, ohne oder mit nur wenig Fett serviert), Folienkartoffeln mit fettarmer Füllung (zum Beispiel auf Magerjoghurt-, Magerquark- oder Sauerrahmbasis), Vollkornprodukte und Hülsenfrüchte. Als Gemüse empfehlen sich Spinat, Bohnen, Erbsen und Topinambur; als Beilage ist Reis als sättigender Schlankmacher für Stiere ideal. Beim Obst sollte der Stier sich vor allem an Erdbeeren, Brombeeren, Kirschen, Pfirsiche, Aprikosen, Äpfel, Birnen, Pflaumen, Weintrauben und Holunderbeeren halten, denn diese Früchte werden von „seinem" Planeten – der Venus – regiert.

Wichtiges über Stiere: Zu reichliches Essen ist nicht gut für den Stier; denn dann neigt er zu Übergewicht, Herz-Kreislauf-Erkrankungen und Gicht. Daher muss er ganz besonders auf sein Gewicht achten. Außerdem sollte er seine Trägheit überwinden und sich regelmäßig bewegen. Gartenarbeit und lange Spaziergänge in ländlicher Umgebung sind für ihn ideal.

Der Zwilling

Das sprunghafteste, unbeständigste aller Sternzeichen wird vom Planeten Merkur regiert, der geistige Gewandtheit und Intellektualität schenkt und für alles steht, was mit Kommunikation zu tun hat. Das ist auch die besondere Stärke des Zwillings: Kaum einer ist so redegewandt wie er und kann so überzeugend argumentieren. Viele Zwillinge sind in Berufen tätig, die ein besonderes kommunikatives Talent erfordern: Werbetexter, Journalisten, Reporter, Schriftsteller, Rechtsanwälte und Übersetzer findet man in diesem Sternzeichen sehr häufig.

Kräuter, Tees und Gewürze für den Zwilling: Petersilie, Majoran, Dill, Kümmel, Bohnenkraut, Lavendel

Sie sind an allem Neuen interessiert und können blitzschnell Informationen aufnehmen und weitervermitteln. Sich intensiver mit einem

Thema zu beschäftigen, ist allerdings nicht so sehr ihre Stärke, denn sie langweilen sich leicht. Routine ist für sie tödlich. Deshalb hält es sie auch meistens nicht sehr lange an einem Ort; sie sind immer bereit, aufzubrechen und etwas Neues zu erkunden, ob es nun ein neues Land, ein neuer Lebenspartner, ein neues Restaurant oder einfach nur die neue Kneipe an der Ecke ist. Auch ihren Beruf oder ihre Stellung wechseln Zwillinge häufiger als andere Sternzeichen. Das bedeutet nicht, dass sie nicht ehrgeizig oder zielstrebig wären; nur ändern sich ihre Ziele eben häufiger als bei anderen Menschen, und sie haben auch nicht immer die nötige Ausdauer, um sie bis zu Ende zu verfolgen. Man sollte nicht damit rechnen, dass der Zwilling immer pünktlich und zuverlässig ist; aber dafür ist er auch nicht langweilig.

Wichtiges über Zwillinge: Obwohl der Zwilling Routine hasst, sollte er sich dazu zwingen, seinen Speisezettel vorauszuplanen, und sich beim Einkaufen nicht auf spontane Eingebungen, sondern lieber auf eine Einkaufsliste verlassen. So entgeht er der Gefahr, zwischendurch zu naschen oder sich nur von Konserven und Sandwiches zu ernähren. Regelmäßiges Essen ist für Zwillinge wichtig, denn sie nehmen leicht ab, vor allem wenn sie unter Stress stehen.

An der Beschreibung „zwei Seelen in einer Brust“ ist etwas Wahres. Der Zwilling ist die unberechenbarste, schillerndste Persönlichkeit des Tierkreises; er kann sich von einer Sekunde zur nächsten total verändern. So kann er als charmanter, witziger Gesellschafter alle Menschen in seiner Umgebung in seinen Bann ziehen und im nächsten Augenblick kalt und sarkastisch sein. Er kann zielstrebig und voller Begeisterung einen Plan verfolgen, den er kurze Zeit später wieder umwirft. Meist erkennt man ihn schon von weitem an seinen raschen Bewegungen und lebhaften Gesten. Die meisten Zwillinge sind schlank und machen einen leicht nervösen, hyperaktiven Eindruck. Da sie ständig „unter Strom stehen“, sind die Nerven ihr absoluter Schwachpunkt. Oft schlafen sie zu wenig, weil ihnen abends noch tausend Ideen im Kopf herumgehen oder weil ihr reges geselliges Leben sie bis in die Nachtstunden hinein in Atem hält.

Viele Zwillinge schwören eine Zeit lang voller Begeisterung auf eine bestimmte Ernährungsform, um sich dann wieder einer anderen zuzuwenden. Sehr gern probieren sie fremdländische Gerichte aus.

Deshalb sollte jeder Zwilling eine Meditations- oder Entspannungstechnik erlernen und dafür sorgen, dass er wenigstens ab und zu seinem hektischen Leben entflieht und ein ruhiges Wochenende verlebt – möglichst draußen in der Natur, wo es viel frische Luft und wenig Ablenkung gibt. Auch auf seine Ernährung sollte er achten. Essen interessiert den Zwilling nicht sonderlich – er ist eher ein intellektueller als ein sinnlicher Typ,

Der ideale Start in den Tag für den hektischen Zwilling ist ein Müsli oder Joghurt mit Haferflocken, Leinsamen, Sonnenblumenkernen und verschiedenen klein gehackten Nüssen.

daher sind kulinarische Genüsse ihm nicht so wichtig. Viel Zeit und Mühe auf die Zubereitung seiner Mahlzeiten zu verschwenden, liegt ihm nicht. Am liebsten mag er kleine Snacks, die er zwischendurch „einwerfen" kann, wenn er gerade Zeit und Hunger hat. Ähnlich wie für den Widder gilt daher auch für den Zwilling, dass er darauf achten muss, sich nicht zu ungesund zu ernähren. Besonders wichtig sind für ihn Nahrungsmittel mit einem hohen Gehalt an B-Vitaminen und Magnesium (z. B. Nüsse und Kerne, Reis und Vollkornprodukte) – das ist die beste Nervennahrung. Weitere für Zwillinge geeignete Lebensmittel sind Geflügel, Mohrrüben, Bohnen, Brokkoli, Blumenkohl, Sellerie, Fenchel und Aprikosen.

Der Krebs

Der Krebs wird als einziges Sternzeichen vom Mond regiert – und genau wie dieser ab- und zunimmt und ständig seine Form verändert, so wechseln auch die Stimmungen des Krebses. „Himmelhoch jauchzend – zu Tode betrübt" ist genau die richtige Beschreibung dafür – wobei „zu Tode betrübt" leider etwas häufiger vorkommt als das andere Extrem. Krebse neigen dazu, sich Sorgen zu machen, schwarzseherische Gedanken zu haben und sich von Ängsten niederdrücken zu lassen, die oft völlig aus der Luft gegriffen sind. Sie sorgen sich vor allem dann, wenn es um ihre Kinder geht – denn Krebse sind ausgesprochene Familienmenschen. Allerdings neigen sie manchmal dazu, die Kinder mit ihrer Angst und Fürsorge zu erdrücken.

Wenn der Krebs Gäste bewirtet, will er in seiner überängstlichen, fürsorglichen Art alles so perfekt machen, dass er selbst den Abend dann gar nicht mehr richtig genießen kann. Kleiner Tipp für den Krebs: Lassen Sie doch einfach einmal Ihre Gäste kochen – veranstalten Sie ein Potluck-Dinner!

Als typisches Wasserzeichen ist der Krebs sensibel und gefühlsbetont. Er geht nicht leicht aus sich heraus, ist sehr verletzlich und neigt dazu, sich enttäuscht in sein Schneckenhaus zurückzuziehen, wenn man ihn kränkt. Ein bisschen mehr Lebensmut, Selbstvertrauen und Optimismus täte ihm gut. Viele Krebse bekommen Magen- und Darmprobleme, weil sie zu viel Kummer und Ärger in sich hineinfressen. Sie gehören zu den Sternzeichen, die durch seelisches Leid krank werden können. Johanniskrauttee hilft ihnen, trübe Stimmungen zu vertreiben und die Welt wieder in einem positiveren Licht zu sehen.

Der Krebs liebt sein Heim; dementsprechend gern kocht er und bewirtet Gäste – wenn er auch meist keine großen Partys gibt, sondern eher ein gemütliches Essen im intimen Freundeskreis veranstaltet. Seinem Sternzeichen entsprechend mag er gern Meeresfrüchte – wie er überhaupt eine Affinität zum Wasser hat: Die meisten Krebse halten sich gern am oder im Wasser auf, schwimmen, treiben Wassersport oder haben vielleicht sogar ein eigenes Boot.

Außer Meeresfrüchten liebt der Krebs Lebensmittel und Speisen mit weicher, cremiger Konsistenz: Joghurt, Weichkäse, Mayonnaise, Sahne, Avocados, sämige Suppen und cremige Desserts können ihn in Entzücken versetzen. Besonders gut für Krebse sind die vom Mond beherrschten Lebensmittel: Gurke, Melone, Kürbis, Zucchini, Kohl, Salat, Weintrauben, Zitronen, Papayas und Kokosnüsse. Auch Kartoffeln sind eine typische Krebs-Speise. Kartoffelpüree und Folienkartoffeln mit Sauerrahm gehören zu den Leibgerichten des Krebses, weil sie so beruhigend wirken und so herrlich weich auf der Zunge zergehen. Überhaupt liebt er eher das Altbewährte, Gediegene, Traditionelle und kann mit kulinarischen Experimenten oder fremdländischen Gerichten wenig anfangen – er bevorzugt Hausmannskost, die er jedoch perfekt und mit viel Liebe zubereitet.

Wichtiges über Krebse: Wie alle Wasserzeichen neigen Krebse zu Flüssigkeitsansammlungen im Körper. Daher ist es gut für sie, gelegentlich harntreibende Kräuter oder Tees (z. B. Brunnenkresse oder Goldrute) zu sich zu nehmen und ihren Kochsalzkonsum zu reduzieren. Außerdem sollten sie sich regelmäßig bewegen und auf ihr Gewicht achten – denn häufig essen sie aus Ärger oder Enttäuschung und setzen dann „Kummerspeck" an.

Der Löwe

Der Löwe wurde mit dem Wahlspruch auf den Lippen geboren: „Für mich nur das Beste." Das gilt für alles im Leben: Er liebt schicke Autos, exklusive Hotels und Restaurants, elegante Kleidung, schöne Frauen – und gegen ein Privatflugzeug hätte er auch nichts einzuwenden. Im Beruf wie im Privatleben wird er eine Führungsposition anstreben; denn so wie der Löwe der König der Tiere ist, so will der unter dem Sternzeichen Löwe Geborene gern dominieren und im Mittelpunkt stehen. Alles andere würde seinen Stolz verletzen. Wer ihm nachgibt und seiner Eitelkeit schmeichelt, kommt mit ihm oft besser aus als derjenige, der ihm Paroli bietet – denn Widerspruch schätzen Löwen nicht sonderlich.

Kräuter, Tees und Gewürze für den Krebs: Petersilie, Dill, Brunnenkresse, Johanniskraut, Goldrute

Wenn es ihm gelingt, sein Dominanzstreben und seine Ichbezogenheit ein wenig zu zügeln, kann der Löwe sehr beliebt sein – denn als typisches Feuerzeichen ist er extrovertiert, charmant, hilfsbereit und ausgesprochen großzügig, was manchmal bis zur Verschwendungssucht gehen kann. Sein Optimismus und seine Entschlossenheit sind kaum zu dämpfen. Allerdings kann sein Zorn so furchtbar sein, dass man sich am besten unter dem nächsten Tisch versteckt, wenn er gereizt ist. Das gilt vor allem in der Liebe: Er ist extrem eifersüchtig, und die Frau an seiner Seite sollte am besten gar nicht erst den Anschein erwecken, als interessiere sie sich für irgendeinen anderen Mann außer ihm. Sein Selbstwertgefühl ist – gerade in dieser Hinsicht – sehr verletzlich.

Wichtiges über Löwen: Der Löwe ist ein Genießer und liebt gutes Essen und guten Wein. Wichtig: Nicht übertreiben! Löwen fällt es schwer, das richtige Maß einzuhalten. Wenn sie zu sehr über die Stränge schlagen, kann das trotz ihrer angeborenen Vitalität gesundheitliche Probleme mit sich bringen. Das Herz ist ihr Schwachpunkt; daher sollten sie sich nicht zu fettreich ernähren.

Das typische Löwe-Talent, das Leben zu genießen, zeigt sich natürlich auch beim Essen. Die meisten Löwen haben einen guten Appetit und lieben große Portionen, werden aber trotzdem nicht dick, weil sie die zugeführten Kalorien leicht wieder verbrennen. Allerdings sollten sie auf Bewegung achten – denn wie sein vierbeiniger Kollege ist der im Sternzeichen Löwe Geborene gern ein wenig faul. Mit den anderen Feuerzeichen teilt der König der Tiere die Vorliebe für knusprig geröstete, scharf angebratene oder gegrillte Speisen. Viele Löwen essen gern Wildgerichte. Außerdem eignen sich für den Löwe-Geborenen alle Nahrungsmittel, die seinem Regenten, der Sonne, zugeordnet sind: Orangen, Limonen, Mandarinen, Ananas, Oliven, Walnüsse – und natürlich Sonnenblumenkerne. Sehr gern mögen sie auch Trockenobst wie beispielsweise Rosinen und getrocknete Feigen.

Kräuter, Tees und Gewürze für den Löwen: Petersilie, Rosmarin, Lorbeer, Liebstöckel, Wacholder, Safran, Kamille, Ringelblume, Engelwurz, Dill, Fenchel, Kapuzinerkresse

Die Jungfrau

An einem windigen Urlaubstag ist die Jungfrau diejenige, die sofort vier Steine in der passenden Größe findet, um ihr Strandlaken damit zu beschweren. Und nicht nur das: Bevor sie am Abend den Strand verlässt, legt sie die Steine an eine Stelle, an der sie sie am nächsten Tag sofort wiederfindet, falls es erneut stürmen sollte. Beim Einkauf im Supermarkt geht sie nach einer fein säuberlich geschriebenen Liste vor, vergleicht Preise und liest genau die Packungsbeilage, um sicherzugehen, dass keine möglicherweise ungesunden Zutaten und Zusatzstoffe in den Nahrungsmitteln sind. Und ihr Auto hat sie garantiert in der Nähe des Ausgangs geparkt, sodass sie die Einkaufstüten nicht weit tragen muss.

Kurzum: Die Jungfrau ist ein Muster an Vorausplanung und Perfektion. Alles wird auf die praktische und rationellste Art erledigt. Sie behält alles im Blick; ihr entgeht nicht das kleinste Detail. Allerdings läuft sie Gefahr, sich zu sehr in Kleinigkeiten zu verlieren. Der Begriff „Erbsenzähler" wurde sicherlich für eine Jungfrau geprägt. Zu den Kleinigkeiten, die einer Jungfrau garantiert nicht entgehen, gehören auch die Fehler ihrer lieben Mitmenschen: Sie ist sehr kritiklustig, manchmal auch nachtragend, akzeptiert Kritik aber nicht immer so bereitwillig, wie sie sie austeilt.

Viele Jungfrauen sind auch im Haushalt Perfektionisten: Sie können es einfach nicht ertragen, wenn ein Staubfussel auf dem Fußboden herumliegt oder ein Bild schief hängt. Über Unordnung und Unsauberkeit sind sie entsetzt. Vor allem in der Küche ist Hygiene für sie wichtig.

Als typisches Erdzeichen ist die Jungfrau in erster Linie Verstandesmensch. Alle Dinge werden aus der Perspektive der Praktikabilität und des gesunden Menschenverstandes beurteilt. Planet Merkur verleiht ihr eine eher intellektuelle Natur: Die meisten Jungfrauen besitzen einen scharfen, analytischen Verstand. Meist lesen sie gern und haben einen gesunden Geschäftssinn; allerdings sind sie in geschäftlichen Dingen oft übervorsichtig und scheuen das Risiko. Ihre Kleinlichkeit und übermäßige Gewissenhaftigkeit wird ihnen manchmal zum Verhängnis, denn sie bremst ihre Kreativität und versperrt ihnen den Weg zum Erfolg. Der typische Jungfrau-Angestellte lädt sich oft mehr Arbeit auf als seine Kollegen, leidet unter dem selbst auferlegten Leistungsdruck und bringt es doch aufgrund seiner zurückhaltenden, vorsichtigen Art vielleicht weniger weit als ein anderer Mitarbeiter, der irgendwann zum Chef avanciert.

Ihre reservierte, wenig gefühlsbetonte Art macht es der Jungfrau schwer, mit dem anderen Geschlecht anzubandeln: Sie ist eher schüchtern und wartet darauf, dass der andere den ersten Schritt tut. Sie entscheidet sich auch nicht leicht, eine Bindung einzugehen; ihr kritischer Verstand wägt lange ab, ehe er sein Jawort gibt. Hat man sie jedoch einmal erobert, so hat man einen treuen, liebevollen Partner – meist fürs Leben, denn erotischen Anfechtungen gegenüber ist die Jungfrau weniger anfällig als alle anderen Sternzeichen.

Wichtiges über die Jungfrau: Der (häufig hausgemachte) Stress und die ständige innere Anspannung kann der Jungfrau auf den Magen schlagen. Magenverstimmungen und Verdauungsbeschwerden kommen häufig vor. Um ihre Därme bei Laune zu halten, sollte sie sich möglichst ballaststoffreich ernähren.

Jungfrauen sind sehr gesundheitsbewusst – auch in ihrer Ernährung. Sie achten darauf, dass ihre Nahrungsmittel möglichst frisch und naturbelassen, nicht zu fett- und kalorienreich sind und alle wichtigen Vitamine und Mineralstoffe enthalten. Viele kaufen im Naturkostladen ein. Kon-

Kräuter, Tees und Gewürze für die Jungfrau: Dill, Petersilie, Löwenzahn, Brunnenkresse, Majoran, Oregano, Kümmel, Lavendel, Lorbeer, Frauenmantel, Schnittsellerie

serven und Fertiggerichte bringen sie nur im äußersten Notfall auf den Tisch. Ideale Nahrungsmittel für das Erdzeichen Jungfrau sind alle Gemüsearten, die in der Erde wachsen, wie zum Beispiel Lauch, Mohrrüben, Fenchel, Sellerie, Kohlrabi und Schwarzwurzeln. Auch Kohlgemüse und Salat lieben sie sehr; und als Dessert servieren sie gern einen kalorienarmen, vitaminreichen Fruchtsalat.

Die Waage

Die Waage ist ein typisches Kind der Venus: schönheitsliebend, künstlerisch begabt und harmoniebedürftig. Sie versucht immer zu vermitteln und Streit zu schlichten, ist sehr einfühlsam und hat ein ausgeprägtes diplomatisches Geschick. Oft geht ihr Harmoniestreben allerdings so weit, dass sie nicht Nein sagen kann, konfliktscheu ist und aus Angst vor Auseinandersetzungen zu Notlügen greift – oder vor unangenehmen Tatsachen schlicht und einfach die Augen verschließt.

Das Symbol für dieses Tierkreiszeichen bedeutet keineswegs, dass die Waage immer ausgeglichen ist. Im Gegenteil: Harmonie und Gleichgewicht zu erreichen ist ihr Bestreben, ihre Lebensaufgabe, gelingt aber meist erst nach mehreren Anläufen. In der Regel schwanken die beiden Waagschalen dauernd hin und her und verleihen dem Waage-Menschen etwas Unstetes, was zu seinem Element (Luft) passt.

Kräuter, Tees und Gewürze für die Waage: Pfefferminze, Liebstöckel, Thymian, Basilikum, Estragon, Ingwer, Birkenblätter, Goldrute, Klette, Labkraut, Holunderblüten

Dieses ständige Auf und Ab kann nicht nur für die Waage selbst, sondern auch für ihre Mitmenschen eine Zerreißprobe für die Nerven sein: Der Waage-Mensch kann seine Meinung von einem Tag auf den anderen ändern und eine Vorgehensweise, die er gestern noch für gut befand, heute plötzlich ablehnen – nicht etwa, weil er sprunghaft und ein wenig oberflächlich ist wie der Zwilling, sondern weil er in jeder Angelegenheit ewig das Für und Wider abwägt und es ihm daher oft schwer fällt, zu einer endgültigen Meinung zu kommen oder eine Entscheidung zu treffen.

Die Waage ist auch starken Stimmungsschwankungen unterworfen: Strahlender Optimismus und abgrundtiefer Pessimismus wechseln einander oft sehr rasch ab. Sind die Waagschalen einmal im Gleichgewicht, so kann die Waage der charmanteste, bezauberndste, ausgeglichenste Mensch der Welt sein – doch wenig später geht das Wechselbad der schwankenden Stimmungen und sich ständig ändernden Meinungen wieder von neuem los.
Auch in ihrer Lebensweise neigen Waagen zu Übertreibungen. Sie essen gern zu gut, sprechen oft reichlich dem Alkohol zu und sind – da sie Ruhe

und Bequemlichkeit lieben – oft eher vollschlank. Vor allem Süßigkeiten sind eine Gefahr für sie. Fleisch brauchen sie nicht unbedingt – aber wenn sie es essen, muss es zart und perfekt zubereitet sein, denn Waagen sind Genießer, und was das Essen angeht, ist das Beste für sie gerade gut genug. Insgesamt jedoch spielen Obst und Gemüse für sie eine wichtigere Rolle als Fleisch. Dem Planeten Venus zugeordnete Obstarten sind Pfirsiche, Aprikosen, Birnen, Äpfel, Pflaumen, Kirschen, Erdbeeren, Stachelbeeren und Himbeeren; beim Gemüse sollte die Waage Tomaten, Spargel, Erbsen, Bohnen und Avocados bevorzugen. Als Getreide sind Weizen und sämtliche Produkte daraus ideal.

Wichtiges über die Waage: Die ständigen Stimmungsschwankungen können nicht nur ihren Mitmenschen, sondern auch der Waage selbst auf den Magen schlagen. Um ihr Verdauungssystem zu entlasten und Kalorien zu sparen, sollte sie auf eine möglichst leichte Ernährung achten. Wichtig ist, dass die harmoniebedürftige, ästhetische Waage sich Zeit zum Essen nimmt und ihre Mahlzeiten in schöner Umgebung und ansprechender Präsentation genießt.

Der Skorpion

Kaum ein Sternzeichen hat einen so schlechten Ruf wie der Skorpion. Das geht so weit, dass manche Menschen sogar ängstlich zusammenzucken, wenn sie erfahren, dass ihr Gegenüber Skorpion ist. Rachsüchtig, grausam, geheimnisumwittert, voll verzehrender Leidenschaft... Natürlich ist von all den erschreckenden Dingen, die man dem Skorpion nachsagt, nur die Hälfte wahr. Es stimmt, dass er manchmal so sein kann – aber das bedeutet nicht, dass man nun jedem Skorpion ängstlich aus dem Weg gehen muss. Da dieses Sternzeichen von zwei sehr kämpferischen Planeten beherrscht wird (Mars und dem erst in neuerer Zeit entdeckten Pluto, dem die atomaren Kräfte unterstehen), versteht es sich von selbst, dass der Skorpion eine Kämpfernatur ist. Er hat einen eisernen Willen und enorme Selbstdisziplin – was er sich vorgenommen hat, erreicht er normalerweise auch.

Und er lässt sich nicht unterkriegen: Wer ihn angreift oder verletzt, wird den sprichwörtlichen Skorpion-Stachel zu spüren bekommen. Skorpione können sehr nachtragend sein und viele haben das Bedürfnis, sich zu rächen, wenn man ihnen etwas Böses antut. Dafür vergessen sie es aber auch nie, wenn man sich ihnen gegenüber freundlich oder hilfsbereit zeigt. Skorpione können treue, aufopfernde Freunde sein. Sie sind sehr ehrlich und niemals oberflächlich. Stets wollen sie allen Dingen auf den

Grund gehen – deshalb interessieren religiöse Fragen sie brennend. Viele Skorpione sind in der Forschung tätig. Ihr angeborenes Mitgefühl zieht sie aber auch zu heilenden Berufen (Arzt, Krankenpfleger, Therapeut) hin.

Wichtiges über Skorpione: Viele Skorpione neigen zu Verstopfung. Daher sollten sie reichlich Obst, Gemüse und Vollkornprodukte zu sich nehmen – diese Nahrungsmittel sind ballaststoffreich und fördern die Verdauung. Auch Weizenkleie hilft gegen Verdauungsprobleme. Außerdem sollte der Skorpion viel trinken – am besten Quellwasser.

Skorpione gelten als die leidenschaftlichsten Liebhaber des Tierkreises. Aber ihre Leidenschaft bezieht sich nicht nur auf die Liebe, sondern auf alles, was sie tun – sie machen grundsätzlich keine halben Sachen. Als typisches Wasserzeichen haben sie sehr intensive Emotionen. Freilich merkt man ihnen das nicht immer an, weil viele Skorpione den glühenden Vulkan in ihrem Inneren hinter einer ruhigen, gelassenen Fassade verbergen. Negative Gefühle – vor allem Hass, Bitterkeit und Depressionen – können den Skorpion krank machen. Eine zweite Gefahr für ihn ist sein Hang zu Ausschweifungen. Ob in der Liebe, beim Alkohol oder beim Essen – stets neigt er zu Übertreibungen.

Kräuter, Tees und Gewürze für den Skorpion: Chili, Senf, Meerrettich, Brunnenkresse, Knoblauch, Thymian, Basilikum, Koriander, Katzenminze, Himbeerblätter, Ysop, Jasmin, Wermut

Wer einen Skorpion verführen will, sollte es mit Knoblauchbrot versuchen – das ist seine absolute Leibspeise. Und wenn alle beide Knoblauch essen, steht der Liebe ja nichts im Wege ... Auch sonst mag der Skorpion es scharf und würzig: Er isst gern Zwiebeln, Radieschen, Paprika und Rucola. Die meisten Skorpione haben eine Vorliebe für Meeresfrüchte – Hummer, Calamares, Austern und Muscheln bringen sie gern auf den Tisch und kreieren fantasievolle Gerichte daraus. Beim Obst sollten sie sich vor allem an Grapefruits und Wassermelonen halten – denn diese Früchte werden vom Mars regiert.

Der Schütze

Mit seiner manchmal fast schon an Dummheit grenzenden Ehrlichkeit tritt der Schütze oft ins Fettnäpfchen, ohne es zu wollen. In seinem Enthusiasmus, oft gepaart mit einer bemerkenswerten Ungeschicklichkeit, ist er imstande, während einer hitzigen Diskussion in der Stammkneipe mit einer ausladenden Geste das Bierglas seines Nachbarn von der Theke zu fegen – und vielleicht merkt er es nicht einmal. Mit fast schon naiver Direktheit stellt er Menschen, die er kaum kennt, die persönlichsten Fragen – und erwartet auch noch ehrliche Antworten darauf. Für jemanden, der nicht so offen und geradeheraus ist wie er, hat der Schütze-Geborene wenig Verständnis. Lügen und Ungerechtigkeiten treiben ihn auf die Barrikaden; dann spart er nicht mit deutlicher Kritik und sarkastischen Bemerkungen.

Er liebt die Unabhängigkeit, ergreift die Flucht, sobald er auch nur den leisesten Verdacht hat, dass ihn jemand in seiner Freiheit einschränken möchte; und wenn er einmal einen Standpunkt eingenommen hat, wird er eigensinnig daran festhalten. Kurzum: Der Umgang mit einem Schützen kann manchmal schon etwas anstrengend sein. Erholsam ist das Leben mit ihm ganz gewiss nicht – aber dafür ist es wenigstens spannend. Vielleicht schaffen es deshalb die meisten Menschen nicht, ihm lange böse zu sein.

Das unstillbare Bedürfnis des Schützen, immer wieder etwas Neues kennen zu lernen, macht selbst vor den exotischsten Gerichten nicht Halt.

Pfeil und Bogen stets griffbereit, streift er ruhelos durchs Leben und verschießt seine Pfeile in alle möglichen Richtungen. Ihn reizt das Abenteuer – das physische ebenso wie das geistige – und er ist ständig auf der Suche nach neuen Erfahrungen und Erkenntnissen. Wer sich auf eine Partnerschaft mit ihm einlässt, wird oft seine Koffer packen müssen. Da der Schütze sehr naturverbunden ist, führen seine Reisen ihn oft in Gegenden, wo es noch unberührte Natur gibt oder wo er Tiere beobachten und fotografieren kann.

Wichtiges über Schützen: *Für eine Diät fehlt dem Schützen die Ausdauer. Deshalb sollte er, um überflüssigen Pfunden vorzubeugen, am besten regelmäßig ein- bis zweimal pro Woche einen „Abspecktag" einlegen: viel Obst, Gemüse und Salat, als Beilage Reis, dazu mindestens zwei bis drei Liter natriumarmes Mineralwasser. Das ist gesund und hält schlank.*

Seine Reiselust kennzeichnet auch sein Essverhalten: Er probiert gern Gerichte ferner Länder aus, am liebsten jeden Tag etwas anderes – heute chinesisch, morgen mexikanisch, übermorgen arabisch. Da der Schütze wenig von Häuslichkeit hält, schätzt er es nicht sonderlich, am Herd zu stehen. Er ist einfach zu ungeduldig dazu – lieber geht er ins Restaurant. Wenn er für sich selbst oder seine Familie kocht, sind es meist einfache Gerichte, die sich schnell zubereiten lassen. Und die Portionen sind auch nicht gerade klein, denn der Schütze hat einen gesunden Appetit und liebt handfeste, reichhaltige Mahlzeiten. Daher muss er schon ein bisschen auf sein Gewicht achten. In jungen Jahren wird er damit kaum Probleme haben, denn seine angeborene Ruhelosigkeit, seine Begeisterung für Sport und lange Wanderungen in der Natur halten ihn schlank. Doch zu den Eigenschaften von Jupiter (dem Planeten, der dieses Sternzeichen regiert) gehören nicht nur Glück und ein unverwüstlicher Optimismus, sondern auch die Fülle – nicht nur in materieller, sondern auch in physischer Hinsicht.

Kräuter, Tees und Gewürze für den Schützen: Salbei, Kerbel, Löwenzahn, Ysop, Borretsch, Zitronenmelisse, Anis, Safran

Wenn er sich an Nahrungsmittel hält, die Jupiter zugeordnet sind, kann er das Schlimmste verhindern. Spargel, Artischocken, Rosenkohl, Endivie und Löwenzahn sollten regelmäßig auf seinem Speisezettel stehen. Auch Kastanien, Pinienkerne, Blaubeeren, Datteln, Feigen und Mangos sind gut für den Schützen. Er liebt alles Deftige – vor allem Schweinefleisch und Würstchen. Um schlank zu bleiben, sollte er allerdings mageres Fleisch und fettarme Wurstsorten bevorzugen und sie nicht braten, sondern lieber grillen – das spart Fett und somit auch Kalorien.

Der Steinbock

Genau wie das Tier, das seinen Charakter symbolisiert, fühlt sich der Steinbock ganz oben am wohlsten: Beruflicher Aufstieg ist für ihn sehr wichtig, und wer sich seinen ehrgeizigen Zielen in den Weg stellt, den nimmt er auf die Hörner. Es macht ihm nichts aus, für seinen beruflichen Erfolg hart zu arbeiten und ruhig auch einmal eine Zeit lang auf Freizeit und Privatleben zu verzichten. Mit ungeheurer Zähigkeit und Zielstrebigkeit bastelt er an seiner Karriere. Sein Planet – der Saturn – verleiht Selbstdisziplin, Ausdauer und einen nüchternen Sinn für die Realitäten des Lebens, sorgt aber auch dafür, dass dem Steinbock nichts geschenkt wird. Wer von diesem Planeten beherrscht wird, muss sich alles schwer erkämpfen, geht aber dafür gestählt und reich an Lebenserfahrung aus diesem Kampf hervor. Allerdings bewirkt Saturn auch Pessimismus und einen gewissen Hang zur Melancholie.

Die meisten Steinböcke haben eine glückliche Hand in finanziellen und geschäftlichen Dingen (viele sind in kaufmännischen Berufen tätig). Sie können allerdings auch sehr sparsam – fast geizig – sein und scheuen jede Ausgabe, die nicht unbedingt notwendig ist. Es gibt unter ihnen ausgesprochene Eigenbrötler, die wenig Interesse an zwischenmenschlichen Kontakten (außer zum Chef) haben und rücksichtslos ihre Ellbogen gebrauchen, um ans Ziel zu kommen. Die meisten Steinböcke sind jedoch unter ihrer ein wenig abweisenden, kühlen Schale freundlich und liebenswert. Allerdings dauert es eine Zeit lang, bis sie aus sich herausgehen, und sie werden sich nie in einer großen Gesellschaft wohl fühlen, sondern lieber einen kleinen, gut ausgewählten, bewährten Freundeskreis haben – wie ihnen überhaupt das Altbewährte, Traditionelle am

Kräuter, Tees und Gewürze für den Steinbock: Thymian, Salbei, Stiefmütterchen, Petersilie

liebsten ist, auch beim Essen. Sie mögen einfache, solide Nahrungsmittel und Gerichte wie beispielsweise Brot, Fleisch, Kartoffeln, Sauerkraut, Linsen und Mohrrüben. Kulinarische Experimente schätzen sie nicht. Viele vom Saturn regierte Nahrungsmittel haben etwas Herbes, Erdhaftes an sich: Rote Bete, Mispel, Quitte, Schlehe, Gerste, Pilze. Auch Auberginen und Zucchini werden dem Sternzeichen Steinbock zugeordnet.

Steinböcke brauchen viel Bewegung an frischer Luft, denn sie neigen dazu, sich in ihrer Arbeit zu verkriechen oder zu Hause zu bleiben und trüben Gedanken nachzuhängen. Die Bewegung bringt ihnen Vitalität, Schwung und Optimismus. Sehr gut ist es für sie, einer Sportart nachzugehen, die sie mit anderen Menschen in Kontakt bringt; so werden sie ein wenig extrovertierter und kommen auf andere Gedanken. Auch die Kopfschmerzen, unter denen Steinböcke so häufig leiden, lassen sich durch ausgedehnte Spaziergänge an der frischen Luft meist vertreiben.

Wichtiges über Steinböcke: Die absolute Schwachstelle des Steinbocks sind Gelenke, Knochen und Zähne. Häufig leidet er im Alter unter Rheumatismus oder Osteoporose. Um diesen Erkrankungen vorzubeugen, braucht er Bewegung und sollte sich außerdem kalziumreich ernähren. (Viel Kalzium ist beispielsweise in Milch und Milchprodukten, Sesamkernen, Tofu, Nüssen, Petersilie und Grünkohl enthalten.)

Der Wassermann

Uranus sorgt beim Sternzeichen Wassermann immer wieder für Überraschungen; denn dieser Planet steht für Veränderung, für das Unerwartete, Unkonventionelle und Zukunftsorientierte. Deshalb ist der Wassermann seiner Zeit immer ein wenig voraus und bleibt häufig unverstanden. Wassermänner können geniale Ideen und plötzliche Eingebungen haben, die fast schon an Hellseherei grenzen. Viele sind Erfinder, Wissenschaftler, Computerprogrammierer, Künstler oder schlicht und einfach Genies. (Charles Darwin, Thomas Edison und Wolfgang Amadeus Mozart waren typische Vertreter dieses Sternzeichens.) Allerdings sind auch viele Insassen psychiatrischer Anstalten im Zeichen Wassermann geboren – denn Genie und Wahnsinn liegen bekanntlich nah beieinander.

Oft ist der Wassermann ein wenig verträumt und zerstreut; er kann die Welt über irgendeiner neuen Idee vergessen, die ihm gerade im Kopf herumgeht. Was Fantasie angeht, können sich nur die Fische mit den

Wassermännern messen; allerdings ist der Wassermann als typisches Luftzeichen im Gegensatz zum Fisch eher intellektuell als gefühlsbetont. Überschwang der Gefühle erschreckt ihn; und sein ausgeprägtes Unabhängigkeitsstreben lässt ihn häufig vor allzu engen Bindungen zurückschrecken. Viele Wassermänner sind Revolutionäre, die sich nicht unterordnen wollen und sich oft nur deshalb unkonventionell verhalten, um ihre Mitbürger zu provozieren und zu schockieren.

Kräuter, Tees und Gewürze für den Wassermann: Knoblauch und Bärlauch (beugt Herz-Kreislauf-Erkrankungen vor), Baldrian (beruhigt die Nerven)

Ihre Originalität und ihr Hang zum Unkonventionellen zeigt sich auch in ihren Essgewohnheiten. Viele sind Anhänger ungewöhnlicher, exotischer Ernährungsformen oder lieben außergewöhnliche Lebensmittel- und Geschmackskombinationen. Allen gemeinsam ist die Vorliebe für Salziges und sauer Eingelegtes und für Käse, den sie am liebsten zu jeder Tages- und Nachtzeit essen würden. Gerade zu viel Salz ist jedoch nicht gut für sie, da viele Wassermänner in zunehmendem Alter unter Wasseransammlungen in den Füßen leiden. Wegen ihrer Neigung zu Arteriosklerose sollten sie außerdem nicht zu viel tierisches Fett zu sich nehmen. Frisches Obst und Gemüse sollte möglichst häufig auf ihrem Speisezettel stehen – was ihnen nicht schwer fällt, denn sie lieben Rohkost und Früchte. Die fleischarme mediterrane Küche eignet sich hervorragend für den Wassermann, da sie Herz-Kreislauf-Erkrankungen vorbeugt.

Wichtiges über Wassermänner: Der Wassermann ist Idealist. Daher spiegelt seine Ernährung häufig seine Überzeugung wider: Vielleicht ist er Vegetarier, weil ihm das Töten von Tieren widerstrebt, oder er hält sich streng an die ayurvedische Ernährungslehre. Bei exotischen Lebensmitteln bevorzugt er Produkte aus dem fairen Handel.

Fische

Ihr Element ist das Wasser, ihr Planet der geheimnisvolle Neptun, der Fantasie, künstlerische Begabung und einen Hang zum Spirituellen und Okkulten verleiht. Die meisten Fische interessieren sich für Esoterik und lesen in einer Zeitschrift zuallererst einmal ihr Horoskop. Sie sind schüchtern, sensibel und verletzlich und nicht immer bereit, sich den rauen Realitäten des Lebens zu stellen. Der typische Fisch zieht sich lieber ins stille Kämmerlein zurück und hängt seinen Träumen nach, statt sich ins Leben hinauszuwagen und seine Chancen zu ergreifen.

Seinen Hang zur Träumerei und zu Illusionen zu bekämpfen und aktiv am Leben teilzunehmen, statt einfach passiv zu bleiben und abzuwarten, ist die große Herausforderung und Lebensaufgabe für den Fisch; wenn er sie nicht meistert, kann es passieren, dass er sein Leben vertrödelt – zumal er nicht besonders ehrgeizig ist und finanzielle Dinge ihm nicht viel bedeuten. Da er so gern in seiner Fantasiewelt lebt, fällt es ihm vielleicht nicht einmal auf, dass er kein Geld hat... Außerdem kann es passieren, dass er seinen letzten Pfennig herschenkt, um einem Freund in Not zu helfen, denn Fische sind sehr gutmütig und mitfühlend und können hilfsbereit bis zur Selbstaufgabe sein.

Kräuter, Tees und Gewürze für den Fisch: Ingwer, Schnittlauch, Rosenblätter, Löwenzahn, Irisch Moos

Wichtiges über Fische: Der Fisch neigt zu Wasseransammlungen im Körper. Deshalb sollte regelmäßig Löwenzahn – als Tee oder als Salat – auf seinem Speisezettel stehen; er hat eine entwässernde Wirkung. Wegen seines schwachen Immunsystems muss der Fisch ganz besonders auf eine vitaminreiche Ernährung achten.

Meist hat er nicht viel Energie und neigt zur Antriebslosigkeit – es fällt ihm schwer, sich zu irgendetwas aufzuraffen. Ideal ist es, wenn er einen Partner findet, der aktiver und extrovertierter ist als er und ihn ab und zu liebevoll aus seinem Schneckenhaus hervorlockt. Er hat auch keine besonders kräftige Konstitution und ein ziemlich empfindliches Nervenkostüm und neigt zu Erkältungen, Grippe und Lungenentzündung.

Manchmal flüchtet sich der Fisch in den Alkohol oder in andere Rauschmittel – vor allem wenn er vom Leben enttäuscht ist. Der Prozentsatz an Alkoholikern ist in diesem Sternzeichen ziemlich hoch. Ein weiteres Problem des Fischs ist sein etwas träger Kreislauf und Stoffwechsel. Er fühlt sich oft matt und lustlos und kommt morgens nur schwer in Gang. Scharfe Gewürze wie Ingwer, Chili und Meerrettich und scharf schmeckende Rohkost- und Gemüsearten (z. B. Rettich, Radieschen, Zwiebeln) sind ideal, um ihn in Schwung zu bringen und seinen Kreislauf anzukurbeln. Auch Kaffee ist gut für ihn – allerdings sollte er ihn nicht gerade tassenweise in sich hineinschütten, wie manche Fische es tun (vielleicht um den Kater vom Vorabend zu bekämpfen). Außerdem sind dem Sternzeichen Fische natürlich Fisch und Meeresfrüchte in allen Zubereitungen zugeordnet.

Seine Sensibilität und Kreativität macht den Fisch zu einem ausgezeichneten Koch, dem die raffiniertesten Gourmet-Kreationen gelingen. Für sich allein kocht er allerdings nicht gern; das ist ihm zu langweilig. Erst wenn er Freunde bewirten darf, läuft er zu Hochform auf.

Sternzeichen Widder

(21. März – 20. April)

Der Widder gehört zu den Feuerzeichen. Dies macht ihn temperamentvoll und bestimmt auch seine Vorliebe zu würzigen und gern auch mal scharfen Gerichten. Besonders liebt er Pastagerichte, sie sind schnell zubereitet und können immer wieder neu kombiniert werden.

Der Widder hat eine Schwäche für schnelle, pfiffige und leichte Gerichte. Wenn die Zutaten auch noch preiswert sind, umso besser. Zu seinem Lieblingsgemüse gehören Mais, gelbe Paprika und Möhren. Gern hat er auch ungewöhnliche Kräuter und Gewürze, wie Zitronenmelisse, Borretsch und Minze, Safran, Kurkuma und Fenchel.

Die Widder essen gerne auch mal süß, dabei sind kalorienreiche Cremes und dicke Torten nicht ihre Welt. Lieber essen sie leichte Quark- oder Joghurtspeisen und frische Früchte, besonders Erdbeeren.

Rösti auf Rucola-Frühlings-Pesto mit Lachsröllchen

(4 Portionen)

Zubereitungszeit:
ca. 40 Minuten
1322 kJ/316 kcal pro Portion

- Kartoffeln schälen, reiben und Flüssigkeit ausdrücken.
- Kartoffelmasse mit Saurer Sahne, Mehl und Ei verrühren und mit Salz, Pfeffer und Muskatnuss würzen.
- Aus der Masse kleine Röstis formen, Öl in einer Pfanne erhitzen und Röstis darin von beiden Seiten knusprig backen. Restliche Saure Sahne mit Meerrettich verrühren.
- Rucola putzen, waschen und auf Tellern anrichten, Röstis darauf anrichten, mit Pesto bestreichen.
- Lachs zu Röschen drehen und auf die Röstis setzen. Mit Meerrettich-Sahne und Dill garnieren und mit Pinienkernen bestreut servieren.

Zutaten:
500 g Kartoffeln
100 g Saure Sahne
1 EL Mehl
1 kleines Ei
Salz
Pfeffer
Muskatnuss, gerieben
Sonnenblumenöl
2 EL Gourmet-Sahne-Meerrettich (z. B. Thomy)
100 g Rucola
4 EL Fresco Pesto (z. B. Buitoni)
150 g geräucherter Lachs
Dill
1 EL geröstete Pinienkerne

Spaghetti fantastico

(4 Portionen)

- ✶ Spaghetti nach Packungsanweisung in kochendem Salzwasser bissfest garen.
- ✶ Garnelen waschen, trockentupfen, mit Salz, Pfeffer und Curry würzen.
- ✶ Butter und Öl in einer Pfanne auf größter Erdgasflamme erhitzen, Garnelen und Thymian in die Pfanne geben, Garnelen von beiden Seiten ca. 3 Minuten braten und herausnehmen.
- ✶ Für die Sauce Tomaten putzen, waschen, Zwiebeln abziehen und beides würfeln. Knoblauch abziehen, zerdrücken und mit Zwiebeln und Tomaten im verbliebenen Fett ca. 5 Minuten schmoren. Mit Salz, Pfeffer und Zucker würzen.
- ✶ Sahne, Brühe und Weißwein zugeben und auf höchster Flamme etwas reduzieren lassen. Garnelen wieder zufügen, Tomatenmark einrühren und Kräuter unterheben.
- ✶ Spaghetti abschütten, gut abtropfen lassen und mit der Sauce vermischen.
- ✶ Spaghetti fantastico auf Tellern anrichten und nach Wunsch mit Pinienkernen bestreut servieren.

Zutaten:
500 g Spaghetti
Salz
24 Garnelen, küchenfertig
Salz
Pfeffer
½ TL Currypulver
2 EL Butter
2 EL Olivenöl
1 Stängel Thymian

Für die Sauce:
2 Tomaten
2 Zwiebeln
2 Knoblauchzehen
1 TL Zucker
1 Becher Sahne (= 200 g)
¼ l Brühe
100 ml trockener Weißwein
1 TL Tomatenmark
3 EL gemischte gehackte Kräuter

Zubereitungszeit:
ca. 20 Minuten
3491 kJ/827 kcal pro Portion

Pizza Tomate Mozzarella

(4 Portionen)

Zutaten:
Für den Teig:
400 g Mehl
1/2 TL Salz
3 EL Olivenöl
1/2 Würfel Hefe
Für den Belag:
1 Bund Basilikum
3 Knoblauchzehen
100 g Crème fraîche
50 g Galbani Mascarpone
Salz
Pfeffer
8 kleine Tomaten
1/2 Packung Santa Lucia Block-Mozzarella (= 200 g)
3 EL Pinienkerne

✶ Für den Teig Mehl und Salz vermischen, Öl zufügen.
✶ Hefe in einem viertel Liter warmen Wasser auflösen, unterkneten und zugedeckt an einem warmen Ort ca. 30 Minuten gehen lassen.
✶ Für den Belag Basilikum waschen, trocken tupfen, einige Blätter für die Garnitur zur Seite legen, Rest mit abgezogenen Knoblauchzehen fein hacken.
✶ Crème fraîche und Mascarpone verrühren, Knoblauch und Basilikum unterrühren. Mit Salz und Pfeffer abschmecken.
✶ Tomaten putzen, waschen und in Scheiben schneiden. Mozzarella würfeln, Pinienkerne grob hacken.
✶ Aus Hefeteig vier runde Fladen ausrollen, mit Basilikumcreme bestreichen und mit Tomatenscheiben und Mozzarellawürfeln belegen.
✶ Mit Pinienkernen bestreuen und im Erdgasbackofen bei Stufe 4 (Elektrobackofen 200 Grad) ca. 20 Minuten backen. Pizza mit einigen Basilikumblättern garniert servieren.

Zubereitungszeit: ca. 10 Minuten
Ruhezeit: ca. 30 Minuten
Backzeit: ca. 20 Minuten
2717 kJ/648 kcal pro Portion

Flambierte Erdbeeren mit grünem Pfeffer
(4 Portionen)

- ✶ Erdbeeren putzen, waschen, die eine Hälfte vierteln und den Rest halbieren.
- ✶ Puderzucker mit Orangenlikör verrühren und geviertelte Erdbeeren etwa eine Stunde darin ziehen lassen.
- ✶ Eine Pfanne auf großer Erdgasflamme erhitzen und Erdbeerviertel mit Marinade und Pfeffer hineingeben und einmal kurz aufkochen lassen.
- ✶ Rum in eine Suppenkelle geben, Erdgasflamme in die Kelle schlagen lassen, über die Erdbeeren in der Pfanne geben und flambieren.
- ✶ Erdbeerhälften in eine Schüssel geben, flambierte Erdbeeren untermischen.
- ✶ Alles dekorativ auf Tellern anrichten und mit Vanilleeis servieren.

Zutaten:
750 g Erdbeeren
3 EL Puderzucker
4 EL Orangenlikör
1/8 l weißer Rum
1 EL grüner Pfeffer
Vanilleeis

Zubereitungszeit:
ca. 30 Minuten
Marinierzeit: ca. 1 Stunde
1073 kJ/255 kcal pro Portion

Sternzeichen Stier

(21. April – 20. Mai)

Stiere lieben Suppen – als Vorspeise oder als schnellen Snack zwischendurch. Da Stiere Hausmannskost mögen, sollte die Suppe einen kräftigen Geschmack haben und auch die Fleischeinlage nicht fehlen.

Der Stier ist ein besonders geselliger Mensch, er lädt gern zum Essen ein. Besonders zu einer Maibowle. Das dafür nötige Maikraut Waldmeister erntet er auf einem Spaziergang oder in seinem Garten. Dazu reicht er gerne einige Kleinigkeiten, die aber trotzdem satt machen und deftig sind. Gemüse oder Käsehappen in heißem Fett ausgebacken, serviert mit raffinierten Dips, sind eine Köstlichkeit.

Die Nachspeise ist für den Stier besonders wichtig, sie kann auch schnell zur Hauptspeise oder Zwischenmahlzeit werden. Besonders gerne mag er Mehlspeisen und Schokolade. Kaiserschmarrn, Palatschinken, Eierkuchen und süße Hefeklöße gehören zu seinen Leibspeisen.

Hühnersuppentopf mit Tortellini und Gartenkräutern

(4 Portionen)

✶ Hähnchenbrust waschen, trockentupfen und würfeln.
✶ Zuckerschoten waschen. Möhren und Spargel schälen und klein schneiden. Lauch putzen, waschen und in Ringe schneiden.
✶ Öl in einem Topf erhitzen, Fleisch darin anbraten, Gemüse zufügen und mit Wasser auffüllen und Gourmet Bouillon einrühren. Sie gibt den vollen Huhngeschmack und ist dabei kalorienarm.
✶ Alles ca. 10 Minuten köcheln lassen. Tortellini zufügen und gar ziehen lassen.
✶ Frische Kräuter in vier Suppenteller geben und mit der Suppe auffüllen.

Zubereitungszeit:
ca. 20 Minuten
1297 kJ/307 kcal pro Portion

Zutaten:
2 Hähnchenbrustfilets (à 100 g)
100 g Zuckerschoten
100 g Möhren
100 g Spargel
1 Stange Lauch
2 EL Speiseöl
1 l Wasser
4 EL Gourmet Bouillon Huhn (z. B. Maggi)
250 g Tortellini Ricotta & Spinaci (z. B. Buitoni)
2 EL gemischte, gehackte Gartenkräuter

Frittierte Happen mit Dips

(4 Portionen)

* Champignons putzen. Lauchzwiebeln, Zucchini und Brokkoli putzen und waschen.
* Lauchzwiebeln in Stücke, Zucchini in Scheiben schneiden und Brokkoli in Röschen teilen.
* Garnelen und Hähnchenfleisch waschen und trockentupfen.
* Schafskäse und Hähnchen in Würfel schneiden.
* Garnelen und Hähnchen ca. 20 Minuten in der Teriyaki Marinade marinieren.
* Für den Soja-Dip Dashi mit Mirin und Soja-Sauce verrühren.
* Für den Sesam-Dip Crème fraîche mit Honig, Sesam und Zitronensaft verrühren und mit Salz und Pfeffer abschmecken.
* Für den Tempurateig Ei mit Wasser verquirlen, das Mehl darüber sieben und unterrühren.
* Öl in einem Wok erhitzen, Hähnchen und Garnelen gut abtropfen lassen und mit etwas Mehl bestäuben. Vorbereitete Zutaten portionsweise in den Teig tauchen, abtropfen lassen und in heißem Fett ausbacken.
* Frittierte Happen mit Dips servieren.

Zubereitungszeit:
ca. 50 Minuten
2424 kJ/579 kcal pro Portion

Zutaten:
100 g Champignons
1 Bund Lauchzwiebeln
1 Zucchini
100 g Brokkoli
8 große Garnelen
200 g Hähnchenbrustfilet
200 g Schafskäse
5 EL Teriyaki Marinade (Kikkoman)

Für den Soja-Dip:
200 ml Dashi (ersatzweise Fischfond)
3–4 EL Mirin (Reiswein)
4 EL Soja-Sauce (Kikkoman)

Für den Sesam-Dip:
100 g Crème fraîche
1/2 TL Honig
2 EL gerösteter Sesam
1 EL Zitronensaft
Salz
Pfeffer

Für den Tempurateig:
1 Ei
200 ml eiskaltes Wasser
125 g Mehl

Mehl zum Bestäuben
Sonnenblumenöl zum Ausbacken

Gratinierter Spargel
(4 Portionen)

Zubereitungszeit:
ca. 30 Minuten
Backzeit: ca. 15 Minuten
1763 kJ/424 kcal pro Portion

✶ Kartoffeln in Wasser ca. 15 Minuten garen, abschrecken, pellen und in Scheiben schneiden.
✶ Eier in kochendem Wasser ca. 7–8 Minuten wachsweich kochen, abschrecken, pellen, halbieren und grob zerkleinern.
✶ Petersilie waschen, trockentupfen und hacken. Schafskäse zerkrümeln, mit Ei, Petersilie und Paniermehl vermischen. Spargel waschen, holzige Enden abschneiden, bei Bedarf unteres Drittel schälen.
✶ Wasser mit Gourmet Bouillon zum Kochen bringen. Spargel zufügen, ca. 10 Minuten garen und abtropfen lassen.
✶ Cocktailtomaten waschen und in Scheiben schneiden. Auflaufform mit Butter ausstreichen, Kartoffelscheiben hineinlegen, mit Salz, Pfeffer und Muskatnuss würzen. Spargel und Tomatenscheiben darüber geben. Mit Sauce Hollandaise begießen und mit Ei-Schafskäse-Krümeln bestreuen.
✶ Im Backofen bei 180 Grad/Stufe 3, Umluft 140 Grad ca. 15 Minuten garen.

Zutaten:
400 g Kartoffeln
2 Eier
einige Stängel glatte Petersilie
100 g Schafskäse
50 g Paniermehl
500 g grüner Spargel
2 EL Gourmet Bouillon Gemüse (z. B. Maggi)
100 g Cocktailtomaten
Butter für die Form
Salz
Pfeffer
Muskatnuss
1 Packung Sauce Hollandaise (Thomy)

Erdbeerknödel mit Vanillesauce

(4 Portionen)

- Für die Sauce Milch und Sahne in einem Topf erhitzen, Vanillemark zufügen.
- Eigelb und Zucker cremig rühren. Sahnemilch zugeben und über dem heißen Wasserbad bei geringer Erdgasflamme dick schaumig schlagen. Dies geht besonders gut über der Erdgasflamme, die Hitze lässt sich sofort reduzieren, ohne lästige Restwärme.
- Vanillesauce kalt stellen.
- Für die Erdbeerknödel Mehl in eine Schüssel geben, in die Mitte eine Mulde drücken. Hefe zerbröckeln, mit etwas Milch verrühren, in die Mulde geben und mit etwas Mehl verrühren. An einem warmen Ort ca. 15 Minuten gehen lassen.
- Zwei Esslöffel Butter in der restlichen Milch auflösen, Ei, Salz und Zucker zugeben und alles zu einem glatten Teig verkneten. Zugedeckt nochmals 30 Minuten gehen lassen.
- Erdbeeren putzen und waschen. Teig ausrollen und Kreise von ca. acht Zentimetern Durchmesser ausstechen. Jeweils eine Erdbeere hineinsetzen und Teig darüber schließen.
- Erdbeerknödel in reichlich kochendem Salzwasser gar ziehen lassen, bis sie an der Oberfläche schwimmen. Mit einem Schaumlöffel herausnehmen, gut abtropfen lassen.
- Knödel in Zimtzucker wenden. Restliche Butter in einer Pfanne erhitzen und Knödel darin kurz braten.
- Knödel auf Tellern anrichten und mit Vanillesauce und restlichen Erdbeeren garniert servieren.

Zutaten:
Für die Sauce:
1/4 l Milch
1/8 l Sahne
Mark einer Vanilleschote
3 Eigelb
80 g Zucker
Für die Knödel:
250 g Mehl
1/4 Würfel Hefe
1/8 l lauwarme Milch
4 EL Butter
1 Ei
1/4 TL Salz
1 TL Zucker
500 g Erdbeeren
2 EL Zimtzucker

Zubereitungszeit:
ca. 30 Minuten
Gehzeit: ca. 45 Minuten
3019 kJ/721 kcal
pro Portion

Sternzeichen Zwillinge

(21. Mai – 21. Juni)

Zwillinge lieben es bunt und farbig, frisch und natürlich im Geschmack, mit viel Gemüse und mit Kräutern. Besonderen Genuss empfinden die Zwillinge, wenn die Gerichte nicht nur köstlich schmecken, sondern auch schön und originell angerichtet sind.

Neue ungewöhnliche Kreationen sind für den Zwilling genau das Richtige. Gerne greift er auf traditionelle Zutaten zurück, die er dann ungewöhnlich kombiniert.

Der Zwilling mag es nicht nur würzig scharf, sondern er liebt auch alles, was gegrillt ist. Ob Steaks, Geflügel oder Kurzgebratenes. Dazu kommt die Vorliebe zu grünen Lebensmitteln. Eine seiner Lieblingsfrüchte ist die Kiwi. Mit ihren vielen Vitaminen und ihrer Frische ist sie ganz nach seinem Geschmack.

Gerne isst der Zwilling süße Naschereien. Da er gerne Neues ausprobiert und exotische Gerichte liebt, ist er offen für jedes ungewöhnliche Dessert.

Konfettisuppe unter der Haube

(4 Portionen)

Zubereitungszeit:
ca. 30 Minuten
Backzeit: ca. 10 Minuten
1757 kJ/418 kcal pro Portion

- Öl in einem Topf erhitzen. Knoblauch abziehen, zerdrücken, Salbeiblätter zufügen und kurz anrösten. Gemüsesaft und Wasser angießen, Gourmet Bouillon einrühren und alles aufkochen lassen.
- Paprikaschoten halbieren, entkernen, waschen und mit einem kleinen runden Ausstecher bunte Konfettis ausstechen. Paprikakonfetti mit Perlnudeln in die Brühe geben und nochmals aufkochen lassen.
- Suppe in vier Suppentassen füllen.
- Blätterteig auftauen lassen. Ei trennen, Tassenränder mit Eiweiß bestreichen und Blätterteig aufsetzen, Ränder festdrücken. Eigelb verquirlen und Blätterteig damit bestreichen.
- Jeweils in die Mitte ein kleines Loch stechen, damit der Dampf entweichen kann.
- Aus den Teigresten Verzierungen ausstechen und auflegen.
- Im Backofen bei 200 Grad, Stufe 4, Umluft 180 Grad ca. 10 Minuten überbacken.

Zutaten:
4 EL Olivenöl
1 Knoblauchzehe
6 Salbeiblätter
½ l Gemüsesaft
½ l Wasser
4 EL Gourmet Bouillon Gemüse (z. B. Maggi)
je 1 rote, gelbe und grüne Paprikaschote
50 g Perlnudeln
4 TK-Blätterteigquadrate
1 Ei

Toskanischer Zwiebacksalat
(4 Portionen)

- Zwiebäcke grob würfeln, in einer beschichteten Pfanne ohne Fett kurz erwärmen. In einer Schüssel mit Essig beträufeln und ca. 15 Minuten durchziehen lassen.
- Lauchzwiebeln putzen, waschen und in feine Ringe schneiden. Paprikaschoten halbieren, entkernen und waschen, Tomaten waschen, Stielansatz entfernen und alles fein würfeln. Knoblauch abziehen und zerdrücken. Petersilie waschen, trockentupfen und fein hacken.
- Alles mit Kapern und Olivenöl zu den Zwiebackwürfeln geben, mit Salz und Pfeffer würzen und gut vermischt servieren.

Zutaten:
8 Brandt Markenzwiebäcke
2 EL Rotweinessig
50 g Lauchzwiebeln
je 1 kleine rote und grüne Paprikaschote
300 g Tomaten
1 Knoblauchzehe
1 Bund Petersilie
3 TL Kapern
3 EL Olivenöl
Salz
Pfeffer

Zubereitungszeit:
ca. 20 Minuten
728 kJ/174 kcal pro Portion

Gegrillte Hähnchenschenkel mit Kiwi-Chutney
(4 Portionen)

Zubereitungszeit:
ca. 20 Minuten
Grillzeit: ca. 40 Minuten
Marinierzeit:
ca. 20 Minuten
4148 kJ/998 kcal pro Portion

- ✶ Knoblauch abziehen, zerdrücken, mit 50 ml Öl sowie Chilipulver, Paprika und Geflügelwürzer verrühren und mit Salz und Pfeffer würzen.
- ✶ Hähnchenschenkel waschen, trockentupfen und ca. 20 Minuten im Gewürzöl marinieren.
- ✶ Chilischoten längs halbieren, entkernen, waschen und fein würfeln. Kiwis schälen, zerkleinern und mit 90 ml Öl pürieren. Mit Honig, Salz und Pfeffer abschmecken.
- ✶ Sesam in einer Pfanne kurz anrösten und mit den Chiliwürfeln unterrühren.
- ✶ Restliches Öl in einer Pfanne erhitzen. Zucchini putzen, waschen, würfeln, kurz darin braten und ebenfalls unterrühren.
- ✶ Chutney abgedeckt kalt stellen.
- ✶ Hähnchen aus der Marinade nehmen und im Backofen ca. 40 Minuten grillen.
- ✶ Hähnchenschenkel mit Kiwi-Chutney und nach Wunsch mit Baguette servieren.

Zutaten:
2 Knoblauchzehen
150 ml Rapsöl
1 TL Chilipulver
1 TL Paprikapulver
½ TL Geflügelwürzer
Salz
Pfeffer
8 deutsche Hähnchenschenkel
2 rote Chilischoten
600 g reife Kiwis
3 EL echter Imkerhonig
30 g Sesam
1 gelbe Zucchini

Zubereitungszeit:
ca. 20 Minuten
815 kJ/195 kcal pro Portion

Gefüllte Feigen
(4 Portionen)

- Feigen waschen, quer halbieren und aushöhlen.
- Fruchtmark mit 3 Esslöffeln Wasser und Likör aufkochen.
- Sahne steif schlagen und nutella unterheben.
- Feigen auf der Feigensauce anrichten, nutella-Sahne in einen Spritzbeutel geben und die Feigenhälften damit füllen.
- Mit Granatapfelsamen garnieren.

Zutaten:
8 Feigen
1 EL Orangenlikör
100 g Sahne
2 EL nutella
Granatapfelsamen

Sternzeichen Krebs

(22. Juni – 22. Juli)

Krebse sind die geborenen Köche. Mit viel Liebe und Hingabe stehen sie hinter dem Herd und bewirten ihre Gäste. Sie bevorzugen die regionale Küche mit heimischem Gemüse und Obst, der sie ihre eigene Note verleihen.

Die scheuen und empfindsamen Krebse sind schwer zu durchschauen. Doch beim Essen braucht man nicht lange zu raten, was der Krebs mag. Offen für alle Geschmacksrichtungen, kann man ihn mit den verschiedensten Gerichten verführen. Jedoch müssen sie von guter Qualität sein, mit Fast Food braucht man dem Krebs nicht zu kommen. Besonders gerne isst er Suppen und Überbackenes aus dem Ofen. Und natürlich liebt er Sachen, die in Wasser gegart werden.

Möhren-Orangen-Suppe

(4 Portionen)

Zubereitungszeit:
ca. 25 Minuten
664 kJ/159 kcal pro Portion

✶ Möhren putzen, schälen und in Stücke schneiden. Zwiebeln abziehen und würfeln. Chilischote längs halbieren, entkernen und fein hacken.

✶ Butter in einem Topf bei kleiner Erdgasflamme erhitzen. Möhren, Zwiebeln und Chili ca. 5 Minuten darin andünsten. Gemüse sollte immer schonend gegart werden. Da ist der Erdgasherd genau der richtige Partner. Die Hitze lässt sich genau regulieren, sodass Gemüse schonend gedünstet werden kann.

✶ Gemüsefond angießen, auf größter Flamme aufkochen lassen, Flamme wieder klein stellen und ca. 20 Minuten köcheln lassen.

✶ Suppe pürieren, Orangensaft angießen und kurz erhitzen. Sahne und Crème fraîche unterrühren, mit Salz, Pfeffer und Ingwer abschmecken.

✶ Tomate putzen, waschen, entkernen und fein würfeln. Suppe auf Teller verteilen, Tomatenwürfel als Topping darauf verteilen und Suppe mit Petersilie garniert servieren.

Zutaten:
500 g Möhren
3 Zwiebeln
1 Chilischote
2 EL Butter
1 l Gemüsefond
150 ml Orangensaft
4 EL Sahne
2 EL Crème fraîche
Salz
Pfeffer
1 TL Ingwerpulver
1 Tomate
2 EL gehackte Petersilie

Gemüse-Reis-Puffer mit Tomaten-Sugo

(4 Portionen)

✶ Für das Sugo Tomaten putzen, waschen und würfeln. Zwiebel und Knoblauch abziehen, Zwiebel würfeln und Knoblauch zerdrücken. Getrocknete Tomaten abtropfen lassen und fein würfeln.
✶ Rama Culinesse in einem Topf erhitzen, Zwiebel und Knoblauch darin andünsten und Tomatenwürfel unterrühren.
✶ Vom Herd nehmen und alles mit Salz, Pfeffer und Balsamicoessig abschmecken.
✶ Basilikum waschen, trockentupfen, in Streifen schneiden und unterrühren.
✶ Für die Puffer Möhren putzen, schälen und grob raffeln. Frühlingszwiebeln putzen, waschen und in feine Ringe schneiden.
✶ Mit Reis, Eiern, Mehl, Kräutern, Mais und Brunch vermischen und mit Salz und Pfeffer würzen.
✶ Rama Culinesse in einer Pfanne erhitzen, kleine Puffer formen und portionsweise von beiden Seiten goldbraun braten.
✶ Gemüse-Reis-Puffer mit Tomaten-Sugo servieren.

Zubereitungszeit:
ca. 40 Minuten
1494 kJ/357 kcal
pro Portion

Zutaten:
Für das Tomaten-Sugo:
4 Tomaten
1 rote Zwiebel
1 Knoblauchzehe
50 g getrocknete Tomaten, in Öl eingelegt
1 EL Rama Culinesse
Salz
Pfeffer
Balsamicoessig
einige Basilikumblätter
Für die Puffer:
2 Möhren
½ Bund Frühlingszwiebeln
200 g gegarte Wildreismischung
3 Eier
2 EL Mehl
2 EL gemischte gehackte Kräuter
2 EL Mais (Konserve)
4 EL Brunch
Salz
Pfeffer
4 EL Rama Culinesse

Paprika-Ofenschmaus

(4 Portionen)

Zubereitungszeit:
ca. 50 Minuten
2327 kJ/552 kcal pro Portion

✶ Zwiebel abziehen und in feine Ringe schneiden. Paprikaschoten putzen, waschen und in feine Streifen schneiden. Knoblauch abziehen und zerdrücken.
✶ Alles vermischen, in eine feuerfeste Form geben, Tortellini darüber verteilen und mit Salz und Pfeffer würzen.
✶ Fix für Paprika-Sahne-Hähnchen nach Packungsanweisung zubereiten und darüber gießen.
✶ Mozzarella abtropfen lassen, in Scheiben schneiden und auf dem Auflauf verteilen.
✶ Mit Parmesan bestreuen und im Backofen bei 180 Grad/Stufe 3, Umluft 160 Grad ca. 40 Minuten garen.

Zutaten:
1 kleine Gemüsezwiebel
je 1 rote, gelbe und grüne Paprikaschote
2 Knoblauchzehen
500 g frische Tortellini mit Käsefüllung (aus der Kühltheke)
Salz
Pfeffer
1 Tüte Maggi fix für Paprika-Sahne-Hähnchen
150 g Mozzarella
30 g geriebener Parmesan

Quarkkeulchen mit Beeren
(4 Portionen)

- ✶ Kartoffeln waschen, in kochendem Salzwasser ca. 20 Minuten garen, pellen, erkalten lassen und fein reiben.
- ✶ 4 Esslöffel Zucker und Eier schaumig rühren, eine Prise Salz, Zitronenschale, Magerquark und Mehl zugeben und mit den geriebenen Kartoffeln zu einem glatten Teig verarbeiten.
- ✶ Beeren verlesen, putzen, bei Bedarf waschen und eventuell klein schneiden.
- ✶ 2 Esslöffel Beeren unter den Teig heben.
- ✶ Fett in einer Pfanne erhitzen. Teig zu länglichen Klößen formen, etwas flach drücken und von beiden Seiten bei kleiner Erdgasflamme ca. 15 Minuten goldbraun braten.
- ✶ Restliche Beeren in einem Topf kurz erhitzen, Puddingpulver mit Milch verrühren, mit restlichem Zucker zufügen und alles kurz aufkochen lassen. Dies geht besonders gut auf dem Erdgasherd, die richtige Temperatur ist schnell erreicht und die Beeren verkochen nicht.
- ✶ Quarkkeulchen auf Tellern anrichten, mit Beeren servieren und nach Wunsch mit Zimtzucker bestreuen.

Zutaten:
500 g Pellkartoffeln
Salz
5 EL Zucker
2 Eier
abgeriebene Schale einer halben unbehandelten Zitrone
1 Becher Magerquark (= 250 g)
3 EL Mehl
500 g gemischte Beeren
3 EL Puddingpulver Vanille
100 ml Milch
Fett zum Braten

Zubereitungszeit:
ca. 1½ Stunden
1810 kJ/433 kcal pro Stück

Sternzeichen Löwe

(23. Juli – 23. August)

Der selbstbewusste Löwe weiß, was er will. Auch in der Küche: Er möchte gute Qualität, raffinierte Rezepte und höchsten Genuss. Das Beste ist für ihn gerade gut genug.

Löwe-Geborene laden gerne zum Essen ein und servieren Gerichte, die nicht auf jeder Speisekarte stehen. Besonders gerne isst der Löwe Wildgerichte und feines Geflügel. Wenn es dann noch von innen saftig und außen schön knusprig ist und mit einer besonderen Sauce serviert wird, kommt schon manch wilder Löwe ins Schwärmen.

Löwen möchten natürlich auch nicht auf eine besondere Nachspeise verzichten. Dabei ist es auch wichtig, dass es nicht nur königlich schmeckt, sondern auch edel und dekorativ aussieht.

Kalte Avocadosuppe mit Lachs

(4 Portionen)

Zutaten:
2 reife Avocados
Saft von 1 Limette
1/2 Liter Wasser
100 g Joghurt
4 EL Gourmet Bouillon Huhn (Maggi)
2 TL glatte Petersilie
Salz
Pfeffer
200 g Lachsfilet
1 TL Würzmischung Salat/Fisch (Maggi)
1 Knoblauchzehe
2 EL Sonnenblumenöl (Thomy)
4 TL Lachskaviar

- Avocados halbieren und Steine entfernen. Fruchtfleisch mit einem Löffel auslösen und mit Limettensaft und Wasser pürieren.
- Joghurt und Gourmet Bouillon unterrühren. Da die Gourmet Bouillon flüssig ist, löst sie sich auch hervorragend in kalten Speisen und verleiht ihnen eine köstliche Würze.
- Petersilie waschen, trockentupfen, in feine Streifen schneiden und unterrühren. Suppe mit Salz und Pfeffer abschmecken und ca. 1 Stunde kalt stellen.
- Lachsfilet waschen, trockentupfen, würfeln und mit Würzmischung würzen.
- Knoblauch abziehen und zerdrücken. Öl in einer Pfanne erhitzen, Knoblauch und Lachs zugeben. Lachs von beiden Seiten ca. 3 Minuten braten.
- Suppe auf vier Teller verteilen, Lachsstücke und jeweils ein Teelöffel Kaviar darauf geben und servieren.

Zubereitungszeit:
ca. 20 Minuten
Kühlzeit: ca. 1 Stunde
1299 kJ/309 kcal pro Portion

Lachsnudeln mit Rucola

(4 Personen)

- ✶ Das Lachsfilet in schmale Streifen schneiden und mit Salz, Pfeffer und Zitronensaft würzen.
- ✶ Den Rucola waschen, die unteren Enden abschneiden und die Salatstängel quer in etwa 2 cm große Stücke schneiden. Die Schalotte schälen und fein würfeln.
- ✶ In einer großen Pfanne oder einem Wok die Butter erhitzen. Die Schalottenwürfel darin andünsten und die Nudeln vorsichtig untermengen.
- ✶ Die Nudeln mit Sahne begießen, die Lachstreifen unterheben und alles einige Minuten bei geringer Hitze ziehen lassen. Alles salzen und pfeffern. Die Lachsnudeln auf vier vorgewärmte Teller verteilen und den Rucola darüber streuen.

Zubereitungszeit:
ca. 20 Minuten
2343 kJ/560 kcal pro Portion

Zutaten:
250 g frisches Lachsfilet
etwas Salz
etwas schwarzer Pfeffer aus der Mühle
Saft von 1/2 Zitrone
1 Bund Rucola
1 Schalotte
1 EL Butter
500 g gekochte Nudeln (entspricht etwa 175 g ungekochten Nudeln)
200 g Sahne

Entenbrust in Orangensauce
(4 Portionen)

Zubereitungszeit:
ca. 40 Minuten
Marinierzeit. ca. 2 Stunden
1852 kJ/443 kcal pro Portion

- Chilischote längs halbieren, entkernen, würfeln.
- Ingwerwurzel schälen, fein reiben und beides mit Orangensaft und Honig verrühren.
- Entenbrüste waschen, trockentupfen und Haut rautenförmig einschneiden. Etwa 2 Stunden in der Honig-Orangen-Marinade einlegen.
- Reis in Salzwasser garen.
- Schalotten abziehen und fein würfeln. Möhren putzen, schälen und in feine Streifen schneiden.
- Entenbrüste aus der Marinade nehmen und trockentupfen. Eine saftige Entenbrust erreicht man nicht nur durch eine gute Qualität des Fleisches, sondern besonders durch die richtige Zubereitung. Spitzenköche vertrauen darum auf den Erdgasherd. Durch die starke Hitze der Gasflamme werden die Pfanne und das Öl blitzschnell auf höchste Temperatur gebracht. Die äußeren Poren des Bratguts werden sofort verschlossen und das Fleisch wird außen schön knusprig und bleibt innen herrlich zart und saftig.
- Öl in einer Pfanne erhitzen, Entenbrüste darin von beiden Seiten, mit der Hautseite zuerst, scharf anbraten. Aus der Pfanne nehmen, mit Salz und Pfeffer würzen und warm stellen.
- Schalotten im verbliebenen Entenfett anbraten, Möhrenstreifen zufügen und kurz dünsten. Zuckerschoten waschen und ebenfalls zufügen.
- Marinade angießen, alles nochmal kurz erhitzen und kräftig mit Salz und Pfeffer abschmecken.
- Entenbrüste aufschneiden. Reis mit Gemüse, Sauce und Entenbrust auf Tellern anrichten und servieren.

Zutaten:
1 rote Chilischote
1 Stück frische Ingwerwurzel
Saft von 2 Orangen
1 EL Honig
4 Entenbrustfilets (à 250 g)
250 g Basmati-Reis
Salz
4 Schalotten
2 Möhren
2 TL Speiseöl
Pfeffer
300 g Zuckerschoten

Tiramisu à la Rocher

(4 Portionen)

- ✶ Aus dem Biskuit Taler in Tassengröße ausstechen.
- ✶ Espresso und Likör verrühren. Orangen schälen und in dünne Scheiben schneiden. Mascarpone mit Quark und Zucker cremig rühren.
- ✶ Jeweils einen Biskuittaler in eine Tasse legen, mit Espressolikör beträufeln, mit einer Orangenscheibe belegen, mit Nüssen bestreuen und mit Mascarponecreme bedecken.
- ✶ Diesen Vorgang dreimal wiederholen.
- ✶ Tiramisu ca. 1 Stunde im Kühlschrank kalt stellen und mit Rocher garniert servieren.

Zubereitungszeit:
ca. 20 Minuten
Kühlzeit: ca. 1 Stunde
3094 kJ/739 kcal pro Portion

Zutaten:
1 Biskuittortenboden
4 cl Espresso
2 cl Mokkalikör
2 Orangen
250 g Mascarpone
250 g Quark
60 g Zucker
30 g gehackte Haselnüsse
4 Rocher (Ferrero)

Sternzeichen Jungfrau

(24. August – 23. September)

Leicht gedünstete oder kurz gebratene Gerichte dominieren bei der Jungfrau. „Zerkochtes“ mögen Jungfrauen nicht, daher bevorzugen sie den Gasherd, der ihnen das Kochen auf den „Punkt“ erleichtert.

Jungfrauen lieben erdnahe Gemüsesorten und Knollengemüse, wie Sellerie, Kohlrabi, Möhren und Schwarzwurzel. Ergänzend kommen Feldsalat, Paprika, Lauch, Pilze und Bohnen dazu.

Jungfrauen, so die Astrologen, sind gewissenhafte, kritische und korrekte Menschen. Diese Eigenschaften übertragen sie auch auf die Küche, in der sie unter kaufmännischen, nützlichen und praktischen Gesichtspunkten schalten und walten. Doch keine Sorge, auch hier kommen köstliche und nahrhafte Gerichte auf den Tisch. Ihre praktische Veranlagung kombiniert die Jungfrau mit Kochkunst und Wirtschaftlichkeit. Fazit: Bei Jungfrau-Geborenen geht es in der Küche so richtig ordentlich und methodisch zu. Gesunde und vollwertige Gerichte haben Vorrang, auf Fleisch kann auch mal verzichtet werden. Die Hauptsache für die Jungfrau ist es, mit wenigen Zutaten eine große Wirkung zu erzielen.

Bunter Feldsalat mit Kartoffeldressing

(4 Portionen)

✶ Paprikaschoten halbieren, entkernen und in ca. 1 cm breite Streifen schneiden. Feldsalat gut waschen und mit den Paprikastreifen bunt auf vier Tellern verteilen.

✶ Geflügelleber waschen und trockentupfen. In heißem Öl einige Minuten auf großer Flamme braten, salzen, pfeffern und auf dem Salat anrichten.

✶ Für das Dressing Kartoffel schälen, waschen und in feine Würfel schneiden.

✶ Gemüsebrühe zum Kochen bringen, Kartoffelwürfel hineingeben, ca. 10 Minuten garen und anschließend pürieren.

✶ Dressing mit Sahne, Salz und Pfeffer sowie Essig abschmecken und etwas abkühlen lassen. Das warme Dressing über den Salat geben und servieren.

Zubereitungszeit:
ca. 25 Minuten
792 kJ/189 kcal pro Portion

Zutaten:
je 1 rote und gelbe Paprikaschote
250 g Feldsalat
200 g Geflügelleber
2 EL Speiseöl
Salz
Pfeffer
Für das Dressing:
1 große Kartoffel
¼ l Gemüsebrühe
4 EL Sahne
2 EL Essig

Kartoffel-Kümmel-Süppchen

(4 Portionen)

- Öl in einem Topf erhitzen und Kümmel darin leicht anrösten.
- Kartoffeln, Sellerie und Möhren waschen, schälen und würfeln.
- Gourmet Bouillon und 1 Liter heißes Wasser mit den vorbereiteten Gemüse zufügen. Zugedeckt bei geringer Hitze ca. 30 Minuten kochen lassen und pürieren.
- Pilze putzen und in Scheiben schneiden. Butter in einer Pfanne erhitzen, Pilze darin anbraten, herausnehmen und auf vier Teller geben.
- Suppe mit Salz und Pfeffer abschmecken und auf die Teller verteilen. Crème fraîche mit Majoran verrühren, esslöffelweise auf die Suppe geben und servieren.

Zubereitungszeit:
ca. 30 Minuten
1095 kJ/262 kcal pro Portion

Zutaten:
2 EL Sonnenblumenöl (Thomy)
1 TL Kümmelsamen
500 g mehlig kochende Kartoffeln
1 Stück Sellerie
2 Möhren
4 EL Gourmet Bouillon Huhn (z. B. Maggi)
1 l Wasser
4 Steinpilze
1 EL Butter
Salz
Pfeffer
1 Becher Crème fraîche
1 EL Majoran, fein gehackt

Hirse-Gemüse-Gratin

(4 Portionen)

* Zwiebel abziehen und fein würfeln. Öl in einer Pfanne erhitzen und Zwiebelwürfel darin anbraten, Hirse, Gourmet Bouillon und 1/2 Liter heißes Wasser zufügen und ca. 20 Minuten ausquellen lassen.
* Hirse in eine feuerfeste Form geben.
* Zucchini und Tomaten waschen, putzen, mit Mozzarella in Scheiben schneiden und schuppenartig auf der Hirse verteilen.
* Fix für Tomaten-Zucchini-Gratin mit einem achtel Liter Wasser anrühren, kurz aufkochen, über das Gratin gießen und alles im Erdgasbackofen Stufe 4 (Elektroherd 200 Grad, Umluft 180 Grad) ca. 25 Minuten backen.

Zubereitungszeit:
ca. 35 Minuten
1367 kJ/327 kcal pro Portion

Zutaten:
1 Zwiebel
2 EL Sonnenblumenöl (Thomy)
125 g Hirse
2 EL Gourmet Bouillon Gemüse (z. B. Maggi)
½ l Wasser
1 Zucchini
2 Tomaten
150 g Mozzarella
1 Packung Maggi fix für Tomaten-Zucchini-Gratin
⅛ l Wasser

Nuss-Sabayon mit Kiwi

(4 Portionen)

- Haselnüsse ca. 10 Minuten bei Erdgas Stufe 4/200 Grad in den Erdgasbackofen geben. Anschließend mit einem Küchenhandtuch oder einem Küchenkrepp abrubbeln, bis sich die Haut von den Kernen getrennt hat.
- Geschälte Haselnüsse in einer Küchenmaschine mahlen.
- Im heißen Wasserbad Eigelb, Zucker, Vanillezucker und Orangenlikör so lange schlagen, bis sich eine schaumige Masse bildet.
- Creme aus dem Wasserbad nehmen, Sahne steif schlagen, mit den Nüssen unterheben und in Gläser füllen.
- Früchte schälen, in Scheiben schneiden, Nuss-Sabayon mit Kiwischeiben und mit Minzeblättchen garnieren und servieren.

Zubereitungszeit:
ca. 25 Minuten
1740 kJ/415 kcal pro Portion

Zutaten:
100 g Haselnüsse
6 Eigelb
2 EL feiner Zucker
1 EL Vanillezucker
2 cl Orangenlikör
1/8 l Sahne
4 Kiwis
einige Minzeblättchen

Sternzeichen Waage

(24. September – 23. Oktober)

Wie alles im Leben empfinden Waage-Geborene Essen als Gesamtkunstwerk. So wissen sie geschmackvolle Gerichte, Tischkultur und einen guten Wein zu genießen. Die feine Küche wird der deftigen Küche eindeutig vorgezogen und unter drei Gängen braucht man der Waage nicht zu kommen.

Besonders feine raffinierte Suppen gehören in den Speiseplan der Waage-Menschen. Suppe ist eine wichtige Grundlage für die Speisefolge, da sie eine harmonisierende Basis für weitere kulinarische Schlemmereien schafft.

Gern schauen die Waage-Menschen über die Grenzen nach Italien und lassen sich mit köstlichen Pastagerichten verwöhnen. Sie bevorzugen raffinierte Gerichte, die trotzdem schnell und einfach zuzubereiten sind. Dabei ist der Waage wichtig, dass es sich um beste und nach Möglichkeit auch Originalzutaten handelt.

Waage-Geborene sind echte Naschkatzen. Schokoladenspeisen, Eis, süße Früchte mit Nuss-Nougat-Sahne oder Waffeln mit heißen Kirschen machen eine Waage zu jeder Tages- und Nachtzeit schwach.

Lachsmousse à la Waage

(4 Portionen)

Zutaten:
300 g Lachsfilet
1 EL Speiseöl
⅛ l trockener Weißwein
⅛ l Fischfond
8 Blatt weiße Gelatine
Salz
Pfeffer
Zitronensaft
1 EL Dill, fein gehackt
1 Becher Sahne (= 250 g)
einige Kirschtomaten
einige Blätter Friséesalat

Zubereitungszeit:
ca. 40 Minuten
Kühlzeit: ca. 2 Stunden
1467 kJ/350 kcal pro Portion

✶ Fisch waschen, trockentupfen und in Würfel schneiden. Öl in eine Pfanne geben und auf die große Flamme des Erdgasherdes stellen. Das Öl wird dort besonders schnell erhitzt, die Hitze ist wichtig, damit die Poren des Fisches sich schnell verschließen und der Fisch zart bleibt. Heiße Pfanne vom Herd nehmen, Lachswürfel hineingeben und kurz schwenken.

✶ Wein und Fond angießen und auf die Flamme stellen. Kurz aufkochen lassen und Fisch ca. 5 Minuten ohne Hitze ziehen lassen.

✶ Gelatine nach Packungsanweisung in kaltem Wasser einweichen, ausdrücken, in eine Schöpfkelle geben und über der Erdgasflamme erhitzen, bis sie sich aufgelöst hat.

✶ Fisch mit Sud pürieren, Gelatine unterrühren und mit Salz, Pfeffer, Zitronensaft und Dill abschmecken. Masse kalt stellen.

✶ Sahne steif schlagen und unter die Masse mischen, sobald Sie anfängt zu gelieren.

✶ Kleine Tassen oder Förmchen mit kaltem Wasser ausspülen, Lachsmousse einfüllen und ca. 2 Stunden kalt stellen. Lachsmousse auf Teller stürzen und mit Kirschtomaten, Friséesalat und nach Wunsch mit Schwarzbrot servieren.

Kürbis-Ingwer-Suppe à la Waage

(4 Portionen)

- Kartoffeln schälen, waschen und würfeln. Kürbis putzen, halbieren, entkernen und Fruchtfleisch grob würfeln. Zwiebel abziehen und ebenfalls würfeln. Möhren putzen, schälen und grob zerkleinern.
- Öl in einem Topf erhitzen und vorbereites Gemüse darin kurz andünsten.
- Gourmet Bouillon und 1 1/2 Liter heißes Wasser zufügen und ca. 20 Minuten garen lassen.
- Suppe pürieren, Crème fraîche unterrühren und mit Salz, Pfeffer, Zucker und Ingwer abschmecken.

Zubereitungszeit:
ca. 30 Minuten
1401 kJ/336 kcal pro Portion

Zutaten:
500 g Kartoffeln
800 g Kürbis
1 Zwiebel
3 Möhren
2 EL Sonnenblumenöl (Thomy)
6 EL Gourmet Bouillon Huhn (z. B. Maggi)
1½ l heißes Wasser
200 g Crème fraîche
Salz
Pfeffer
Zucker
2 TL Ingwer, frisch gerieben

Penne all'arrabbiata

(4 Portionen)

- Penne in kochendem Salzwasser nach Packungsanweisung zubereiten.
- Zwiebel und Knoblauch abziehen, Zwiebel fein hacken und Knoblauch zerdrücken. Chilischote halbieren, entkernen und in feine Ringe schneiden. Speck in feine Streifen schneiden.
- Öl in einer Pfanne bei großer Erdgasflamme erhitzen, Speckstreifen zufügen und knusprig anbraten.
- Hitze etwas reduzieren, Knoblauch, Chiliringe und Zwiebel zufügen und kurz andünsten. Die Hitze lässt sich beim Erdgasherd gut regulieren, sodass genau auf den Punkt gegart werden kann.
- Tomaten überbrühen, häuten, entkernen und in Würfel schneiden. Tomaten zufügen und ca. 5 Minuten garen.
- Oliven abtropfen lassen. Petersilie waschen, trockentupfen und fein hacken. Parmesan reiben.
- Oliven zur Tomatensauce geben. Mit Salz, Pfeffer und Paprikapulver abschmecken.
- Penne abgießen und gut abtropfen lassen. Butter in dem Topf über großer Erdgasflamme schmelzen, Penne und 2 Esslöffel Parmesan zugeben und darin schwenken.
- Penne mit Sauce auf Tellern anrichten und mit Parmesan bestreut servieren.

Zubereitungszeit:
ca. 30 Minuten
2973 kJ/710 kcal pro Portion

Zutaten:
500 g Penne
Salz
1 Zwiebel
1 Knoblauchzehe
1 rote Chilischote
200 g Pancetta (ital. Speck)
2 EL Olivenöl
500 g Tomaten
100 g schwarze Oliven, ohne Kern
½ Bund Petersilie
50 g Parmesan
Pfeffer
Paprikapulver
1 EL Butter

Crunchy Wrap
(4 Portionen)

Zutaten:
250 g gemischtes Obst (z. B. Feigen, Granatapfelkerne)
100 g nutella
4 Wraps (Tortilla-Fladen)
4 EL Vanillepudding
8 EL Knusper-Müsli
Zimt, gemahlen

✶ Obst vorbereiten und in Würfel schneiden.
✶ nutella im Wasserbad erwärmen und mit den Früchten vermischen.
✶ Wraps mit Vanillepudding bestreichen. nutella-Früchte und Knusper-Müsli darauf verteilen, mit Zimt bestäuben, Wraps zusammenfalten und servieren.

Zubereitungszeit:
ca. 15 Minuten
2023 kJ/481 kcal pro Portion

Banana Flip
(4 Portionen)

Zutaten:
4 Bananen
4 Wraps (Tortilla-Fladen)
4 EL nutella
50 g gehackte, geröstete Erdnüsse
8 EL Cornflakes
4 Kugeln Vanilleeis

✶ Bananen schälen und in Scheiben schneiden. Wraps mit nutella bestreichen, mit Bananenscheiben, gerösteten Erdnüssen und Cornflakes belegen. Vanilleeis in Flöckchen zerteilen, auf den Bananenscheiben verteilen, Wraps zusammenfalten und sofort servieren.

Zubereitungszeit:
ca. 15 Minuten
2479 kJ/592 kcal pro Portion

Sternzeichen Skorpion

(24. Oktober – 22. November)

Skorpione lieben das Spiel mit vielen verschiedenen Zutaten. Beim Ausprobieren und Kreieren von Rezepten verwandeln sie den häuslichen Herd in einen wahren „Hexenkessel". Ungewöhnliche Kombinationen schrecken sie nicht ab, allerdings lieben sie rustikale, deftige und scharfe Speisen. Beim Einkaufen sind sie sehr kritisch, was die Qualität und Frische der Zutaten angeht, aber nicht kleinlich und sparsam. Schon vorhandene Zutaten werden mit neuen kunterbunt kombiniert und neue Geschmackserlebnisse kreiert. Das ist wahre Küchenmagie.

In der herbstlichen Zeit kommen Skorpione voll auf ihre Kosten, sie schwelgen in Feldsalat, Fenchel, Rettich, Sellerie und Endivien.

Skorpion-Menschen müssen nicht immer Fleisch haben; wenn sie es jedoch zubereiten, dann gut angebraten mit einer würzig-scharfen Sauce. Zartes Huhn oder gekochtes Fleisch gehören nicht zu den Favoriten auf dem Speisezettel, lieber darf es deftig, kräftig und würzig sein. Die Rezeptur sollte ungewöhnlich, aber nicht zu kompliziert sein. Große Beilagen, ob Kartoffeln, Reis oder Nudeln, müssen nicht sein. Es reicht ein Stück knackiges Brot, um ein schnelles Mahl zu ergänzen.

Bunter Linsensalat mit warmer Senf-Vinaigrette

(4 Portionen)

Zubereitungszeit:
ca. 30 Minuten
1244 kJ/269 kcal pro Portion

* Linsen gut waschen und in kochendem Salzwasser ca. 8 Minuten garen.
* Sellerie schälen und in feine Stifte schneiden. In einem zweiten Topf Salzwasser auf hoher Gasflamme zum Kochen bringen, Selleriestifte zufügen und ca. 3 Minuten sprudelnd kochen lassen, abgießen, in Eiswasser blanchieren und gut abtropfen lassen.
* Lauchzwiebeln putzen, waschen und in Ringe schneiden.
* Linsen abgießen, gut abtropfen lassen und mit Lauchzwiebelringen und Selleriestiften vermengen.
* Für das Dressing Zwiebel abziehen, fein würfeln und mit Essig, Senf und Honig verrühren. Öl unterschlagen und mit Salz und Pfeffer würzen.
* Blattsalat waschen und putzen. Dressing in eine Suppenkelle geben und über der offenen Erdgasflamme erhitzen.
* Linsensalat mit Blattsalat auf Tellern anrichten und mit warmem Senf-Dressing beträufeln. Nach Wunsch mit Petersilie garniert servieren.

Zutaten:
200 g rote Linsen
Salz
1 kleine Sellerieknolle
3 Lauchzwiebeln
1 rote Zwiebel
3 EL Rotweinessig
1 EL scharfer Senf
1 EL Honig
4 EL Speiseöl
Pfeffer
75 g Blattsalat

Flambierte Hähnchenbrust

(4 Portionen)

- ✶ Hähnchenbrust waschen, trocken tupfen und in Würfel schneiden.
- ✶ Zwiebeln abziehen, Äpfel schälen, entkernen und beides in feine Spalten schneiden. Apfelspalten mit Zitronensaft beträufeln.
- ✶ Eine Pfanne auf großer Erdgasflamme erhitzen, Öl zugeben und heiß werden lassen. Fleisch und Zwiebeln zufügen, salzen, pfeffern und knusprig von allen Seiten kurz anbraten.
- ✶ Apfelspalten mit Salbei zufügen und kurz andünsten. Mit Whisky übergießen, die Erdgasflamme in die Pfanne schlagen lassen, kurz abflambieren und mit Wein ablöschen.
- ✶ Wein bei starker Hitze reduzieren, Crème fraîche unterrühren und abschmecken.
- ✶ Flambierte Hähnchenbrust nach Wunsch mit Baguette servieren.

Zutaten:
400 g Hähnchenbrustfilet
2 Zwiebeln
2 säuerliche Äpfel
2 EL Zitronensaft
2 EL Speiseöl
einige Salbeiblätter
Salz
Pfeffer
4 cl Whisky
150 ml trockener Weißwein
100 g Crème fraîche

Zubereitungszeit:
ca. 25 Minuten
1269 kJ/305 kcal pro Portion

Pasta mit würziger Pilzsauce

(4 Portionen)

Zutaten:
400 g Nudeln (z. B. Farfalle)
1 EL Fondor (Maggi)
100 g Frühstücksspeck
2 Schalotten
2 Knoblauchzehen
2 kleine rote Chilischoten
2 EL Sonnenblumenöl (Thomy)
400 g gemischte Pilze (z. B. Champignons)
Salz
¼ l Wasser
1 Packung Maggi fix für Rahm-Champignons
1 Becher Crème fraîche (= 150 g)
Pfeffer
Chilipulver

- Nudeln in kochendes Wasser geben, Fondor zufügen und nach Packungsanweisung bissfest garen.
- Frühstücksspeck in feine Würfel schneiden. Schalotten und Knoblauch abziehen. Chilischoten waschen, längs halbieren und entkernen.
- Öl in einer großen Pfanne erhitzen, Knoblauch zerdrücken, mit den Speckwürfeln zufügen und kurz kräftig anbraten.
- Schalotten und Chili fein hacken, zufügen und unter Rühren glasig andünsten.
- Pilze putzen, halbieren, zufügen, salzen und ca. 5 Minuten andünsten.
- Einen viertel Liter Wasser angießen und fix für Rahm-Champignons einrühren. Kurz kochen lassen, Crème fraîche unterrühren und mit Pfeffer und Chilipulver kräftig abschmecken.
- Nudeln abgießen, mit würziger Pilzsauce und nach Wunsch mit Schnittlauch und Frühlingszwiebeln garniert servieren.

Zubereitungszeit: ca. 30 Minuten
2596 kJ/622 kcal pro Portion

Dreierlei Baisers
(ca. 25 Stück)

* Eiweiß sehr steif schlagen. Zum Schluss Zitronensaft zufügen. Zucker und Vanillezucker unter Rühren nach und nach einrieseln lassen.
* Baisermasse dritteln. Unter jedes Drittel jeweils Kokosraspel, Mandeln und Pistazien heben.
* Jeweils kleine Baisers auf ein mit Backpapier ausgelegtes Backblech setzen. Mit gehackten Pistazien, Mandeln und Kokosraspeln bestreuen und im Erdgasbackofen Gas Stufe 2 (Elektroherd 150 Grad, Umluft 130 Grad) ca. 15 Minuten backen.
* Vom Backpapier lösen und auf einem Kuchengitter auskühlen lassen.

Zutaten:
2 Eiweiß von deutschen Frisch-Eiern
1 TL Zitronensaft
150 g feiner Zucker
1 Päckchen Vanillezucker
25 g Kokosraspel
25 g gemahlene Mandeln
25 g gemahlene Pistazien
Zum Verzieren:
gehackte Pistazien
Mandelblättchen
Kokosnuss

Zubereitungszeit: ca. 15 Minuten
Backzeit: ca. 15 Minuten
189 kJ/45 kcal pro Stück

Sternzeichen Schütze

(23. November – 21. Dezember)

In der Küche improvisieren Schützen gerne und zaubern exotische Gerichte, die sie auf ihren ausgedehnten Reisen kennen gelernt haben. Besonders gern reist der Schütze in den Süden, z. B. nach Italien. Die spontane Lebensart der Italiener kommt dem Wesen des Schützen sehr nahe. Aber auch Wok-Gerichte sind ideal für Menschen dieses Sternzeichens.

Bei Schütze-Geborenen ist die Weihnachts- und Vorweihnachtszeit sehr beliebt, da ja ihr eigenes Geburtstagsfest in diese Zeit fällt. Gern verwöhnen sie sich oder ihre Lieben mit kleinen Leckereien, die man auch gut verschenken kann. Dabei ist dem Schützen wichtig, dass diese selbst zubereiteten Geschenke groß im Geschmack, jedoch einfach und schnell zuzubereiten sind.

Aubergine à la Roma

(4 Portionen)

Zubereitungszeit:
ca. 30 Minuten
2136 kJ/510 kcal pro Portion

- ✶ Auberginen waschen, Endstücke abschneiden und Auberginen vierteln. Fruchtfleisch mit einem Löffel auslösen und würfeln.
- ✶ Zwiebel und Knoblauch abziehen und hacken.
- ✶ Öl in einer Pfanne erhitzen, Zwiebel und Knoblauch darin anbraten, Hackfleisch und Auberginenwürfel zufügen. Mascarpone, Rosmarin, Thymian und Basilikum unterrühren und mit Salz und Pfeffer abschmecken.
- ✶ Elektrobackofen auf 200 Grad vorheizen. Tomaten in eine Auflaufform geben. Auberginenringe aufsetzen, mit der Hackfleisch-Mascarpone-Masse füllen. Gorgonzola würfeln und Auberginen damit bestreuen.
- ✶ Im Backofen ca. 20 Minuten überbacken (Erdgas- und Elektrobackofen bei Stufe 4/200 Grad, Umluft 180 Grad).

Zutaten:
2 mittelgroße Auberginen
1 Zwiebel
1 Knoblauchzehe
2 EL Speiseöl
200 g Hackfleisch
150 g Galbani Mascarpone
¼ TL Rosmarinnadeln
¼ TL Thymianblättchen
1 TL Basilikumblätter, gehackt
Salz
Pfeffer
1 Dose stückige Tomaten (= 400 g)
150 g Galbani Gorgonzola Eccelenza

Indische Currysuppe
(4 Portionen)

- ✶ Hähnchenbrustfilet waschen, trockentupfen und in Streifen schneiden. Öl in einem Topf erhitzen, Hähnchenfleisch zufügen, von allen Seiten anbraten und pfeffern.
- ✶ Gemüse und Curry zugeben und kurz mitbraten. Mit dreiviertel Liter Wasser ablöschen, Gourmet-Bouillon einrühren und ca. 5 Minuten bei geringer Hitze kochen lassen. Mit Chili abschmecken und mit etwas Soßenbinder binden.
- ✶ Mango schälen, Fruchtfleisch würfeln und unter die Suppe heben.
- ✶ Suppe mit Petersilie bestreut servieren.

Zutaten:
200 g Hähnchenbrustfilet
2 EL Sonnenblumenöl (Thomy)
1 EL Sesamöl
Pfeffer
400 g Asia-Gemüse (TK)
2 TL Currypulver
¾ l Wasser
3 EL Gourmet Bouillon Huhn (z. B. Maggi)
Chilipulver
Maggi-Soßenbinder für helle Soßen
1 Mango
2 EL gehackte Petersilie

Zubereitungszeit:
ca. 25 Minuten
1128 kJ/269 kcal pro Portion

Knusprige Ente im Wok

(4 Portionen)

Zutaten:
2 Entenbrustfilets, ohne Haut (= ca. 500 g)
4 EL Honig
1 Bund Lauchzwiebel
2 rote Paprikaschoten
100 g Bambussprossen
1 kleine Dose Ananasstücke (= 570 g)
200 g eingelegte kleine Maiskolben
4 EL Erdnussöl
1 Dose Kokosnussmilch (= 400 g)
2 TL grüne Currypaste
100 g Sojasprossen
Chilipulver
Sambal Olek
Salz, Pfeffer, Zucker

✶ Entenbrust waschen, trockentupfen, mit Honig bestreichen und in Streifen schneiden.

✶ Lauchzwiebel und Paprikaschoten putzen, waschen, Lauchzwiebel in Ringe, Paprika in Streifen schneiden. Bambus, Ananas und Maiskolben abtropfen lassen, Ananassaft auffangen und Bambus in Streifen schneiden.

✶ Öl im Wok erhitzen und Entenfleisch knusprig braten. Fleisch herausnehmen und warm stellen.

✶ Gemüse im verbliebenen Öl unter Rühren kurz braten. Kokosmilch und Ananassaft angießen, Currypaste unterrühren. Ananasstücke, Entenbrust und Sojasprossen zufügen, kurz erhitzen und mit Chili, Sambal Olek, Salz, Pfeffer und Zucker abschmecken.

✶ Auf Tellern anrichten und nach Wunsch mit Basmatireis servieren.

Zubereitungszeit:
ca. 30 Minuten
2195 kJ/524 kcal pro Portion

Fruchtige Zitronenpie

(ca. 12 Stücke)

- ✶ Mehl, Zucker, Eigelb, Sanella und Backpulver zu einem glatten Teig verkneten. Mit zwei Dritteln des Teiges einen Springformboden (Durchmesser ca. 24 cm) auslegen. Im Erdgasbackofen Stufe 3 (Elektroherd 180 Grad, Umluft 160 Grad) ca. zehn Minuten backen.
- ✶ Für die Creme alle Zutaten in einen Topf geben und unter Rühren kurz aufkochen lassen.
- ✶ Aus dem restlichen Teig einen Rand von ca. drei Zentimeter Höhe formen, Springformrand damit auskleiden und am Boden festdrücken. Creme auf dem Pieboden verteilen. Nochmals ca. 15–20 Minuten backen (Stufe 3/180 Grad, Umluft 160 Grad).
- ✶ Für das Baiser Eiweiß und Zitronensaft zu steifem Schnee schlagen, dabei Zucker langsam einrieseln lassen. Eischnee auf der Zitronenpie verteilen und mit einem Löffel rundherum zu Spitzen ziehen.
- ✶ Im Erdgasbackofen Stufe 4 (200 Grad, Umluft 180 Grad) ca. zehn Minuten backen.

Zutaten:
Für den Teig:
200 g Mehl
75 g Zucker
1 Eigelb
100 g Sanella
1 Msp. Backpulver
Für die Creme:
4 Eier
150 g Zucker
1 Päckchen Vanillezucker
400 g Sanella
150 ml Zitronensaft
50 ml Wasser
1/2 Paket Vanillepudding-pulver
Für das Baiser:
4 Eiweiß
1 EL Zitronensaft
150 g Zucker

Zubereitungszeit:
ca. 30 Minuten
Backzeit: ca. 40 Minuten
1659 kJ/397 kcal pro Stück

Sternzeichen Steinbock

(22. Dezember – 20. Januar)

Der praktisch veranlagte und zielstrebige Steinbock möchte auch in der Küche schnell zum Ziel kommen. Deshalb beherrscht er es meisterhaft, aus wenigen Zutaten Köstliches zu zaubern. Was viele Menschen als Beilage halten, ist für den Steinbock die Seele der Mahlzeit.

Steinböcke bevorzugen Gemüsesorten, wie Rotkohl, Weißkohl, Rosenkohl, aber auch Sauerkraut, Linsen, Erbsen und Möhren. Absolutes Lieblingsgemüse ist aber die Kartoffel, die Steinbock-Geborene märchenhaft vielfältig zuzubereiten verstehen.

Steinbock-Geborene organisieren ihren Alltag in vorbildlicher Weise und sind wahre Genies bei Einkauf und Lagerhaltung. Sie halten sich meist an die regionale Küche, die mit saisonalen Zutaten zubereitet werden. So schaffen sie es, sich vollwertig und gesund zu ernähren, ohne ihre Geldbörse zu belasten. Steinböcke sind für ihre köstlichen Desserts bekannt. Auch hier bleiben sie gerne bei traditionellen Nachspeisen. So zaubern sie traumhafte Puddings, Cremes oder Pfannekuchen, die gerne auch einmal etwas reichhaltiger sein können.

Kartoffelplätzchen mit Rote-Bete-Salat

(4 Portionen)

✶ Für den Salat Rote Bete in kochendem Salzwasser ca. 20 Minuten garen, schälen und in Würfel schneiden. Zwiebel abziehen, Apfel schälen, entkernen und beides fein würfeln.
✶ Mit Essig, Zitronensaft und Öl verrühren und mit Zucker, Salz und Pfeffer abschmecken.
✶ Für die Kartoffelplätzchen Kartoffeln und Süßkartoffeln schälen und fein reiben.
✶ Eier leicht verquirlen. Kartoffeln, Eier, Mehl und Kräuter verrühren und mit Salz und Pfeffer würzen.
✶ Öl in einer Pfanne erhitzen und kleine Kartoffelplätzchen abbacken. Die Pfanne muss sehr heiß sein, sonst kleben die Kartoffelplätzchen in der Pfanne an. Mit Rote-Bete-Salat und nach Wunsch mit Tomaten und Oregano garniert servieren.

Zubereitungszeit:
ca. 20 Minuten
1508 kJ/362 kcal pro Portion

Zutaten:
Für den Rote-Bete-Salat:
4 Rote Beten
Salz
1 Zwiebel
1 säuerlicher Apfel
4 EL Weißweinessig
Saft von 1 Zitrone
3 EL Speiseöl
1 TL Zucker
Pfeffer
Für die Kartoffelplätzchen:
500 g Kartoffeln
100 g Süßkartoffel
2 Eier
50 g Mehl
3 EL Schnittlauch, gehackt
1 EL Oregano, gehackt
1 EL Petersilie, gehackt
Salz
Pfeffer
2 EL Speiseöl

Lauchcremesuppe

(4 Portionen)

- ✶ Lauch waschen, putzen und in Ringe schneiden. Sellerie und Kartoffeln schälen, waschen und in Würfel schneiden.
- ✶ Rama Culinesse in einem Topf erhitzen, Speck in Würfel schneiden, zufügen und darin anbraten. Lauchringe, Kartoffel- und Selleriewürfel zufügen und unter Rühren kurz andünsten.
- ✶ Mit Gemüsebrühe ablöschen und ca. 20 Minuten bei kleiner Erdgasflamme köcheln lassen.
- ✶ Suppe pürieren und Bresso-Fischkäse esslöffelweise unterrühren. Lauchcremesuppe mit Salz, Pfeffer und Muskat abschmecken und mit Lauchringen garniert servieren.

Zutaten:
2 Stangen Lauch
1 kleine Sellerieknolle
2 Kartoffeln
1 EL Rama Culinesse
50 g durchwachsener Speck
1 l Gemüsebrühe
1 Becher Bresso Provençal (= 150 g)
Salz
Pfeffer
geriebene Muskatnuss

Zubereitungszeit:
ca. 20 Minuten
1115 kJ/268 kcal pro Portion

Mini und Maxi Potato Dogs

(4 Portionen)

Zutaten:
4 große, mehlig kochende Kartoffeln
8 kleine, fest kochende Kartoffeln
2 Zwiebeln
2 TL Speisestärke
2 EL Speiseöl
5 EL mittelscharfer Senf
2 EL gehackte Frühlingskräuter
Salz, Pfeffer, Zucker
1 Becher Crème fraîche (= 150 g)
1 EL Meerrettich
1 EL Ketchup
4 Deutschländer
16 Mini Winy's Single (Meica)
1 Mini Winy's Würstchenkette (Meica)

✶ Kartoffeln waschen und zuerst die großen Kartoffeln in Salzwasser garen. Nach ca. 10 Minuten die restlichen Kartoffeln zufügen.
✶ Zwiebeln abziehen, in feine Ringe schneiden und mit Stärke bestäuben. Öl in einem Topf erhitzen und Zwiebeln darin anbraten.
✶ 4 Esslöffel Senf und Kräuter verrühren und mit Salz, Pfeffer und Zucker abschmecken.
✶ Ein Drittel der Crème fraîche mit dem restlichen Senf verrühren, ein weiteres Drittel mit Meerrettich, restliche Crème fraîche mit Ketchup verrühren und alles mit Salz, Pfeffer und Zucker abschmecken.
✶ Deutschländer und Mini Winy's im Wurstwasser erhitzen.
✶ Kartoffeln abgießen und halbieren. Vier große Kartoffelhälften mit Kräutersenf bestreichen, jeweils ein Deutschländer darauf setzen und mit Röstzwiebeln belegen. Die passenden Kartoffelhälften aufsetzen.
✶ Kleine Kartoffelhälften abwechselnd mit Senf-, Ketchup- oder Meerrettichcreme bestreichen, jeweils ein Mini Winy auflegen und mit einem Piekser feststecken.
✶ Potato Dogs mit Würstchenkette auf einer Servierplatte anrichten.

Zubereitungszeit:
ca. 35 Minuten
2876 kJ/688 kcal pro Portion

Kaiserschmarrn mit Apfel-Orangen-Sauce

(4 Portionen)

- ✶ Äpfel schälen, entkernen und in Spalten schneiden. Orangen filetieren und in Stücke schneiden.
- ✶ Weißwein in einem Topf aufkochen, Obststücke mit Zimtstange zufügen und ca. fünf Minuten einkochen.
- ✶ Gelierzucker einrühren, ca. 3 Minuten kochen lassen und mit Zimt abschmecken.
- ✶ Für den Kaiserschmarrn Beutelinhalt mit einem halben Liter Wasser gut verrühren.
- ✶ 2 Esslöffel Butter in einer Pfanne erhitzen, die Hälfte des Teigs hineingeben und ca. 5 Minuten backen, wenden und weitere 5 Minuten backen. Mit dem restlichen Teig ebenso verfahren.
- ✶ Kaiserschmarrn in kleine Stücke zerteilen, kurz weiterbacken, mit Apfel-Orangen-Sauce anrichten und nach Wunsch mit Orangenfilets und Apfelspalten garniert servieren.

Zutaten:
4 säuerliche Äpfel
2 Orangen
1/4 l trockener Weißwein
1 Zimtstange
100 g Gelierzucker
Zimtpulver
2 Packungen Kaiserschmarrn (Maggi)
1/2 l Wasser
4 EL Butter

Zubereitungszeit:
ca. 20 Minuten
2559 kJ/609 kcal pro Portion

Sternzeichen Wassermann

(21. Januar – 19. Februar)

Der lebhafte, freiheitsliebende Wassermann liebt es auch in der Küche neue Wege zu gehen. Je ausgefallener und verrückter die Zutaten, desto einfallsreicher und extravaganter werden seine Kreationen. So ist alles Herkömmliche und Alltägliche in der Küche eher tabu. Die Zutatenwahl des Wassermanns ist daher edel und gerne exotisch. So isst er gerne im Salat Chicorée, Batavia, in Kombination mit exotischen Früchten. Gewürze wie rosa Pfeffer, Minze und Rosmarin sind ganz nach seinem Geschmack.

Wassermann-Geborene sind einerseits kühle, vernünftige Praktiker und gleichzeitig exzentrisch, extravagant und unbeständig. Diese Eigenschaften übertragen sie auch auf die Küche, wo sie praktisch, mit den neusten Küchengeräten ausgestattet, die raffiniertesten und ungewöhnlichsten Rezepten kreieren. Gerne essen sie in Gesellschaft und bewirten Gäste, für die sie dann nur das Beste auf den Tisch bringen.

Der oft kühl wirkende und extravagante Wassermann liebt beim Dessert außergewöhnliche und exotische Zutaten. Seine bevorzugten Früchte sind Nektarinen, Mangos und Kakis. In Kombination mit edlen Cremes werden sie zu einem Hochgenuss.

Chicoréesalat mit Mangospalten

(4 Portionen)

Zubereitungszeit:
ca. 20 Minuten
1011 kJ/242 kcal pro Portion

- Chicoréestrunk abschneiden und Blätter waschen.
- Batavia putzen, waschen und in mundgerechte Stücke zupfen.
- Mangos schälen und Fruchtfleisch in Spalten vom Stein schneiden.
- Für das Dressing Texikana Salsa mit Crème fraîche, Orangensaft, Essig und Öl verrühren und mit Zucker, Salz und Pfeffer abschmecken.
- Salat und Chicoréeblätter auf Tellern verteilen. Jeweils eine Mangospalte in ein Chicoréeblatt geben und mit Dressing beträufelt servieren.

Zutaten:
1 Chicorée
1 Kopf Bataviasalat
2 Mangos
100 g Texicana Salsa (Maggi)
50 g Crème fraîche
Saft einer Orange
2 EL Weißweinessig
2 EL Sonne & Olive (Thomy)
1 Prise Zucker
Salz
rosa Pfeffer

Zucchinicremesuppe mit Krabben

(4 Portionen)

- ✶ Zwiebel abziehen und hacken. Lauch putzen, waschen und in Ringe schneiden. Zucchini waschen und grob würfeln. 3 Esslöffel Öl in einem Topf erhitzen und vorbereitetes Gemüse darin bei kleiner Erdgasflamme dünsten.
- ✶ Brühe und Wein angießen und köcheln lassen. Sahne angießen, Crème fraîche zufügen, mit Salz, Pfeffer und Safran würzen und alles pürieren. Petersilie zufügen.
- ✶ Knoblauch abziehen und zerdrücken. Krabben waschen und trocken tupfen. Restliches Öl in eine Pfanne geben, auf größter Erdgasflamme zügig erhitzen, Knoblauch und Krabben darin kurz braten.
- ✶ Krabben herausnehmen. Baguettescheiben im verbliebenen Knoblauchöl von beiden Seiten knusprig anbraten.
- ✶ Zucchinicremesuppe in Teller geben, Krabben darauf geben und mit Knoblauchbaguette servieren.

Zutaten:
1 Zwiebel
1 Stange Lauch
2 Zucchini
5 EL Olivenöl
750 ml Gemüsebrühe
¼ l trockener Weißwein
100 g Sahne
100 g Crème fraîche
Salz
Pfeffer
Safran
1 EL gehackte Petersilie
200 g Krabben
1 Knoblauchzehe
4 Scheiben Baguette

Zubereitungszeit:
ca. 20 Minuten
1931 kJ/462 kcal pro Portion

Lachs in Mangoldpäckchen auf Safran-Limetten-Sahne

(4 Portionen)

Zutaten:
4 Lachsfilets (à 150 g)
Saft von 2 Limetten
8 Mangoldblätter
Salz
2 Knoblauchzehen
200 g Ricotta
100 g Schafskäse
2 EL gehackte Petersilie
Pfeffer
4 EL Rama Culinesse
1 Zwiebel
1/8 l Weißwein
1 Becher Sahne (= 200 g)
1 Prise Zucker
Safran

- ✶ Fisch waschen, trockentupfen und mit etwas Limettensaft beträufeln.
- ✶ Mangoldblätter putzen, waschen, weiße Stängel abschneiden. Blätter in kochendem Salzwasser kurz blanchieren und abschrecken.
- ✶ Knoblauch abziehen, zerdrücken und mit Ricotta, Schafskäse und Petersilie verrühren.
- ✶ Je ein Fischfilet auf ein Mangoldblatt legen, mit Salz und Pfeffer würzen und mit Ricotta-Mangold-Masse bestreichen.
- ✶ Mangoldblätter zusammenfassen und mit Küchengarn zubinden.
- ✶ Zwiebel abziehen und fein hacken. Rama Culinesse in einem breiten Topf leicht erhitzen und die Zwiebel darin glasig dünsten, Wein, restlichen Limettensaft angießen und etwas reduzieren lassen. Mit Sahne ablöschen und mit Salz, Pfeffer, Zucker und Safran würzen.
- ✶ Fisch in die Sauce geben und bei kleiner Erdgasflamme ca. 10 Minuten gar ziehen lassen, dabei einmal wenden.
- ✶ Mangoldpäckchen mit Safran-Limetten-Sahne und nach Wunsch mit Bandnudeln servieren.

Zubereitungszeit:
ca. 40 Minuten
2386 kJ/571 kcal
pro Portion

Nektarinen-Creme

(4 Portionen)

- Nektarinen waschen, halbieren, vom Stein lösen und Fruchtfleisch in Würfel schneiden. Mit Zitronensaft und Orangenlikör verrühren und ca. eine halbe Stunde marinieren.
- Mangospalten abtropfen lassen, dabei ein Esslöffel Saft auffangen.
- Mangosaft und Spalten pürieren.
- Joghurt, Orangensaft, Zucker, Vanillezucker und Kokosmilch verrühren und Brunch esslöffelweise unter die Creme ziehen.
- Nektarinenwürfel in Dessertschalen geben, mit Mascarponecreme und Mangopüree bedecken. Mit gerösteten Kokoshobeln bestreut und nach Wunsch mit Zitronenmelisse garniert servieren.

Zubereitungszeit:
ca. 20 Minuten
Marinierzeit:
ca. 30 Minuten
1611 kJ/386 kcal pro Portion

Zutaten:
4 Nektarinen (ersatzweise Pfirsiche)
2 EL Zitronensaft
4 cl Orangenlikör
1 kleine Dose Mangospalten (= 425 g)
150 g Joghurt
2 EL Orangensaft
2 EL Zucker
1 Päckchen Vanillezucker
100 ml Kokosmilch
1 Becher Brunch (= 200 g)
geröstete Kokoshobel

Sternzeichen Fische

(20. Februar – 20. März)

Leidenschaftlich und lustbetont stehen Fische allen Sinnesgenüssen offen gegenüber. So essen sie für ihr Leben gern, wobei sie nicht nur gerne und kreativ kochen, sondern auch das gemeinsame Essen als anheimelnde und behagliche Zeremonie genießen.

Schwere Speisen sind dem Fisch ein Gräuel, er liebt leichte Gerichte, die nicht belasten. Gerichte mit einem exotischen Touch, Gemüse jeglicher Art, Fisch, Geflügel, Gewürze und Kräuter wie Meerrettich, Ingwer, Oregano, Kardamom und Sojasauce zum Abschmecken sind ganz nach seinem Geschmack.

Fische lieben raffinierte Süßspeisen, süß und verlockend und auch mal mit einem kleinen Schuss Alkohol, ansehnlich garniert mit Früchten oder einer schönen Praline.

Karibischer Fischtopf

(4 Portionen)

Zubereitungszeit:
ca. 30 Minuten
Marinierzeit:
ca. 20 Minuten
1994 kJ/476 kcal pro Portion

- Fischfilet waschen, trockentupfen und in mundgerechte Stücke schneiden.
- Knoblauchzehen abziehen, fein hacken, mit Weißwein, Rum, Ingwer und etwas Pfeffer verrühren und Fisch und Krabben darin ca. 20 Minuten marinieren.
- Butter in einem Topf auf kleiner Flamme erhitzen, Zwiebeln abziehen, fein würfeln und darin andünsten.
- Tomaten enthäuten, entkernen und in Würfel schneiden. Paprikaschoten putzen, waschen, würfeln, mit den Tomaten zu den Zwiebeln geben und kurz andünsten.
- Mit Mehl bestäuben, kurz anschwitzen, Fischfond und Tomatenmark zufügen und kurz aufkochen lassen.
- Mangos schälen, Fruchtfleisch in Spalten vom Stein lösen, würfeln und zufügen. Mit Salz, Pfeffer, Kardamom und Gemüsebrühe abschmecken. Fisch aus der Marinade nehmen und in der Suppe ca. 5 Minuten gar ziehen lassen. Nach Wunsch mit Basilikumstreifen bestreut servieren.

Zutaten:
800 g Rotbarschfilet
2 Knoblauchzehen
8 EL trockener Weißwein
4 EL Rum
2 TL fein gehackter Ingwer
frisch gemahlener Pfeffer
200 g Krabben
1 EL Butter
2 Zwiebeln
4 reife Tomaten
2 grüne Paprikaschoten
2 EL Mehl
1 l Fischfond
4 TL Tomatenmark
2 reife Mangos
Salz
2 Prisen Kardamom
etwas gekörnte Gemüsebrühe

Crema piccante

(4 Portionen)

✶ Gurke waschen, putzen und pürieren.
✶ Knoblauchzehe abziehen, zerdrücken und mit Finetta Ricotta unter das Gurkenpüree rühren.
✶ Oliven in dünne Scheiben schneiden und mit den Kräutern unter die Masse heben. Mit Salz und Pfeffer abschmecken.
✶ Gelatine in kaltem Wasser einweichen, ausdrücken und auflösen. Vorsichtig unter die Ricottacreme rühren und etwa zwei Stunden kalt stellen.
✶ Mit einem Esslöffel oder Eisportionierer Nocken formen und nach Wunsch auf einem Bett aus Tomaten- und Gurkenscheiben anrichten. Nach Belieben mit buntem Pfeffer, Pinienkernen, Basilikum und schwarzen Oliven garniert servieren.

Zutaten:
1/2 Salatgurke
1 kleine Knoblauchzehe
150 g Galbani Finetta Ricotta
50 g Oliven, gefüllt mit Paprika
1 TL Kräutermischung, TK
Salz
Pfeffer
3 Blatt weiße Gelatine

Zubereitungszeit:
ca. 15 Minuten
Kühlzeit: 2 Stunden
659 kJ/158 kcal pro Portion

Scampi-Spieße auf japanischem Gemüsereis
(4 Portionen)

Zutaten:
2 Scheiben Ananas, aus der Dose
16 große Scampis, küchenfertig
4 EL Teriyaki Marinade (z. B. Kikkoman)
100 g Mungobohnensprossen
100 g Zuckerschoten
2 Möhren
½ l Wasser
5 EL Soja-Sauce (z. B. Kikkoman)
150 g Basmati-Reis
1 EL Meerrettich, frisch gerieben
2 EL Sojaöl

✶ Ananas in Stücke schneiden, Scampi waschen und trockentupfen. Abwechselnd Scampi und Ananasstücke auf vier Spieße stecken, mit Teriyaki Marinade bestreichen und etwa 20 Minuten ziehen lassen.
✶ Mungobohnensprossen und Zuckerschoten waschen, Möhren schälen und fein würfeln.
✶ Einen halben Liter Wasser mit 4 Esslöffeln Soja-Sauce zum Kochen bringen, Reis zufügen und bei kleiner Flamme ca. 15 Minuten ausquellen lassen.
✶ Vorbereitetes Gemüse in kochendem Wasser mit restlicher Soja-Sauce blanchieren.
✶ Meerrettich und Gemüse unter den Reis mischen und mit Soja-Sauce abschmecken.
✶ Öl in einer Pfanne erhitzen und Spieße darin von beiden Seiten ca. 6 Minuten braten. Scampispieße auf Gemüsereis anrichten und servieren.

Zubereitungszeit:
ca. 30 Minuten
Marinierzeit:
ca. 20 Minuten
1461 kJ/347 kcal pro Portion

Zutaten:
300 g Sahne
100 g Espressobohnen
250 g Mascarpone
60 g Zucker
2 cl Crème de Cacao
4 Rocher (Ferrero)

Mokka-Creme à la Rocher

(4 Portionen)

- ✶ Sahne und Espressobohnen aufkochen und eine halbe Stunde ohne Hitze ziehen lassen.
- ✶ Durch ein Sieb geben und Mokkasahne über Nacht im Kühlschrank kalt stellen.
- ✶ Mascarpone mit Zucker und Crème de Cacao cremig rühren. Mokkasahne steif schlagen und vorsichtig unter die Mascarponecreme heben.
- ✶ In einen Spritzbeutel mit Lochtülle füllen, dekorativ in Tassen spritzen und ca. 1 Stunde kalt stellen. Mokka-Creme mit Rocher garniert servieren.

Zubereitungszeit:
ca. 40 Minuten
Kühlzeit: ca. 12 Stunden
2558 kJ/611 kcal pro Portion

Rezeptverzeichnis